우승섭골프특강

이론과 기술 

영국이 낳은 골프
영웅들—J.H.테일러,
제임스 브레이드,
해리 바든의 3거두

호레이스 허치슨의
수채화 골퍼의 모습

더글라스 애덤스의 유화
'드라이브샷'(1893)

우승섭골프특강 4

이론과 기술

명지사

추천의 말

많은 분들의 경우와 마찬가지로 나도 한때는 골프의 골자만 나와도 손사래를 내저으며 한 10리쯤 달아날 채비를 하던 시절이 있었다. 오랫동안 체육 기자 생활을 해오는 중 주위로부터 심심치 않게 골프를 배워 보라는 권유를 받을 때마다 "내 주제에 골프는 무슨……"그러면서 골프란 나와는 전혀 관계가 없다고 치부해 버리곤 했다.

50년대 우리의 농구 스타 플레이어였던 김영기씨가 한번은 "농구가 재미있어 농구 선수 생활을 해 왔지만, 골프를 해 보니 이 세상에서 이 이상 더 좋은 운동이 없다"는 권유에도 "골프가 그렇게 재미있으면 혼자나 하슈." 하고 속으로 코방귀만 뀌곤 했다.

그러던 내가 정말 우연한 기회에 골프채를 잡게 되어 골프를 시작해 보니 왜 진작 좀더 빨리 배우지 못했는가 하고 후회될 정도였다. 그래서 골프를 가기로 약속한 전날 밤이면, 국민학교 때 소풍 가기 전날 밤 가슴이 울렁거려 잠을 못 이룬 것처럼, 뜬눈으로 밤을 새운 뒤 새벽탕까지 다니게 되었다.

그런데 한 가지 딱한 것은 어떻게 좀 맞아주는 날이면 더할 나위 없이 재미가 있지만, 그렇지 않은 날이면 오히려 스트레스가 쌓이는 것이었다. 물론 일이 바쁘기도 하지만 마땅한 골프 가이드가 없어 지식을 얻을 수 없었고 연습장에도 자주 나갈 수 없는 형편이니 잘 맞지 않는 것은 너무나 당연한 일이었다.

그러던 차에 〈스포츠 서울〉에 연재되는「우승섭골프특강」을 대하게 되었다.「우승섭골프특강」이 나의 관심을 끈 것은 실전에 아주 필요한 지식들을 적절한 실례를 들면서 쉽게 풀어 주기 때문이었다. 또한 우승섭 선배의 그 해박한 골프 지식과 이론에 어느덧 매료되고 말았다.

「우승섭골프특강」1, 2권으로 이미 골퍼들에게 많은 관심과 선풍을 불러일으킨 우승섭씨가 이번에 골퍼들의 열망으로 3, 4권을 내면서 나에게 책 머리에 실을 글을 청해 와 분에 넘치는 영광이긴 하지만 처음에는 극구 사양했다.

그러나「우승섭골프특강」으로 많은 도움을 받은 몸으로 무작정 사양만 하는 것도 도리가 아니고, 또 나와 같은 처지의 분들에게 권하고 싶은 심정으로 쾌히 이 글을 적는 바이다.

스포츠서울 편집국장　유　홍　락

우승섭골프특강 4　　　　　차　례

그　　립
Grip

그립은 스윙의 가장 기본적 조건이다

하는 일에 따라 사람의 재능은 각각 다르게 나타난다. 무슨 일에서나 재능이 없는 것보다는 있는 것처럼 좋은 것은 없겠지만, 설사 특정 분야의 재능이 조금 뒤진다고 해서 실망하거나 조상을 원망할 것까지는 못 된다.

재능이란 선천적으로 타고나는 것이지만 노력으로도 얼마든지 개발할 수 있다. 재능이 없으면 뜻만이라도 크게 품어야 한다. 마음을 비우라고 해서 뜻까지 버리라는 것은 아니다. 분명히 욕망과 욕심은 다르다.

골프는 스윙이고 스윙의 기본은 그립이다. 좋은 그립과 약간의 재능 그리고 큰 뜻(욕망)만 있으면 누구나 훌륭한 기량을 갖춘 골퍼가 될 수 있다. 그립은 스윙의 기본 조건이다. 오죽하면 그립을 보고 그 사람의 실력(핸디캡)을 알 수 있다고 하겠는가.

아무리 스윙이 좋아도 그립이 나쁘면 골프 기량은 늘지 않는다. 연습공을 많이 치지만 실력이 생각만큼 늘지 않는 사람이 있다면 다시 한번 그립을 점검할 필요가 있다.

그립이 안정되면 다음은 나도 하면 된다는 큰 뜻을 갖는 것이 선결 문제다. 재능에는 타고난 분량이 있지만 욕망에는 한계가 없다. 힘에 겨운 계획을 한번에 성취하려면 그것은 불가능에 가까운 욕심이고 허망이지만, 높고 먼 곳을 향해 한 발짝씩 걸어가고 올라가는 노력 속에는 뜻(욕망)은 클수록 좋은 것이다.

그립은 두 손 사이에 두고 잡아라

골프는 그립에서 시작해서 그립에서 끝이 난다. 골프를 해본 적이 없는 사람이 골프의 어려움을 알 길이 없지만, 그들은 한결같이 남들은 날아오는 공도 잘 쳐내는데 저렇게 움직이지 않는 공을 맞히는 것쯤…… 하고 얕잡아 보기 쉽다. 이것은 시속 150~200km로 날아오는 야구공이나 테니스공과 비교하기 때문이다.

야구공도 테니스공도 골프공도 다 같은 공인데 그 공을 맞히는 도구에는 많은 차이가 있다. 야구는 배트라는 선으로 때리고, 테니스는 라켓이라는 면으로 공을 맞힌다. 도구의 길이도 골프채에 비하면 많이 짧다. 그렇지만 골프는 긴 샤프트 끝에 매달린 클럽 헤드의 중심점(Sweet Point)이 유일한 공을 맞히는 점이다. 말하자면 골프는 점(공)을 점(클럽의 중심점)으로 맞혀야 하는 데 어려움이 있다. 그래도 골프를 얕잡아 볼 수 있단 말인가……. 그렇기 때문에 골프에서는 클럽을 잡는 독특한 방법(Grip)을 중요하게 강조한다. 공을 보다 멀리, 보다 정확하게 보내기 위한 것이 스윙이라면, 그 스윙을 흐트러지지 않고 일정한 궤도를 만들어내는 것이 그립의 역할이다.

두 손으로 그립을 잡되 손 안의 어느 부분으로 잡는가에 따라 그립의 형태는 달라진다. 그러나 두 손을 그립을 사이에 두고 서로 마주 잡는 방법이 기본형이고 이것을 스퀘어 그립(Square Grip)이라고 한다. 그립의 목적은 좌우 두 손을 일체화시켜서 타구의 거리와 방향을 안정시킬 수 있는 스윙을 하는 데 있고 이것이 그립의 이상형이다.

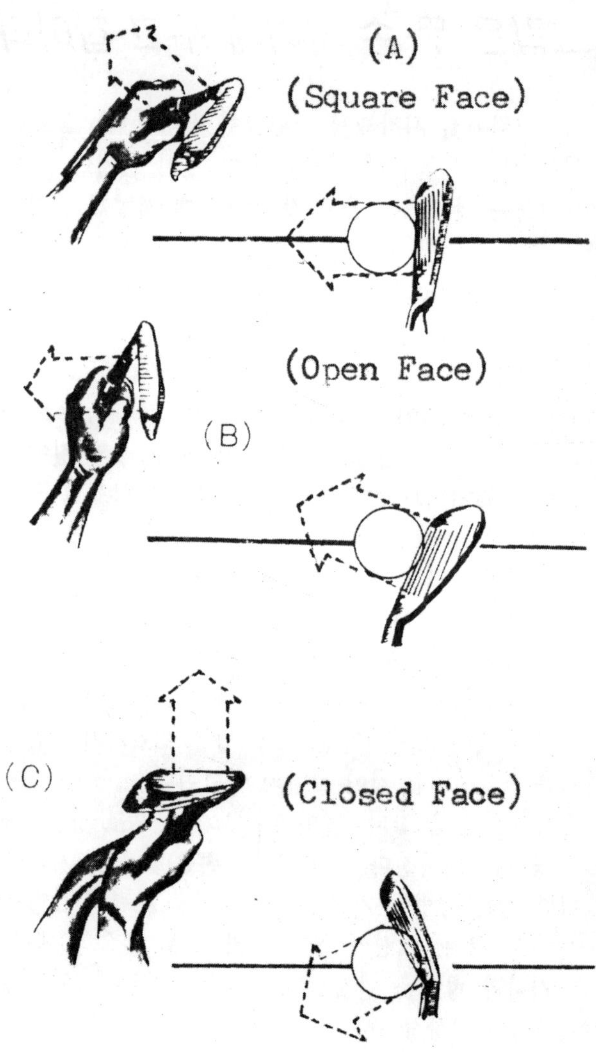

(A)
(Square Face)
(Open Face)
(B)
(C)
(Closed Face)

직각 타구는 스퀘어 그립 때 가장 쉽다

가장 이상적인 임팩트는 클럽 페이스가 목표선과 직각인 상태에서 공을 맞히는 것이다. 이것은 클럽 페이스뿐만 아니라 샤프트, 왼팔, 스윙의 중심축까지도 목표선과 직각이 됐을 때 가능해진다. 스윙의 준비 단계에서부터 그립, 어드레스, 스탠스 등 모든 자세가 공을 직각으로 맞힐 수 있는 상태로 통일됐을 때, 비로소 스윙의 단순화라는 소박한 원리가 실현될 수 있는 것이다. 그립만 보더라도 왼손의 등과 클럽 페이스가 목표를 정면으로 보는 (목표선과 직각) 스퀘어 그립이 이에 합당한 이상적인 그립인 것이다.

이 스퀘어 그립은 스윙 도중 손이나 팔을 인위적으로 움직여서 클럽 페이스의 방향을 조작할 필요가 없는 것이 특징이고 장점이다. 그래서 톱 오브 스윙 때의 손등과 클럽 페이스의 방향을 보고 스윙의 잘잘못을 따지는 방법이 있다. 이때(Top of Swing) 클럽 페이스가 하늘을 보면 클로즈드 페이스(Closed Face)라 해서 이 상태에서 공을 직각으로 맞히기 위해서는 다운스윙 때 어떤 형태로든 스윙을 조작하지 않으면 안 된다.

반대로 클럽 페이스가 정면을 보게 되는 오픈 페이스(Open Face)의 경우도 마찬가지로 그 상태에서 공을 맞히면 공은 오른쪽으로 날아가게 된다. 클럽 헤드는 올라갔던 자리로 다시 내려온다는 스윙의 속성을 이해한다면 아무 생각 없이 들어올렸다 내리기만 해도 공은 저절로 직각으로 맞아주는(?) 스퀘어 그립의 위력을 알게 될 것이다.

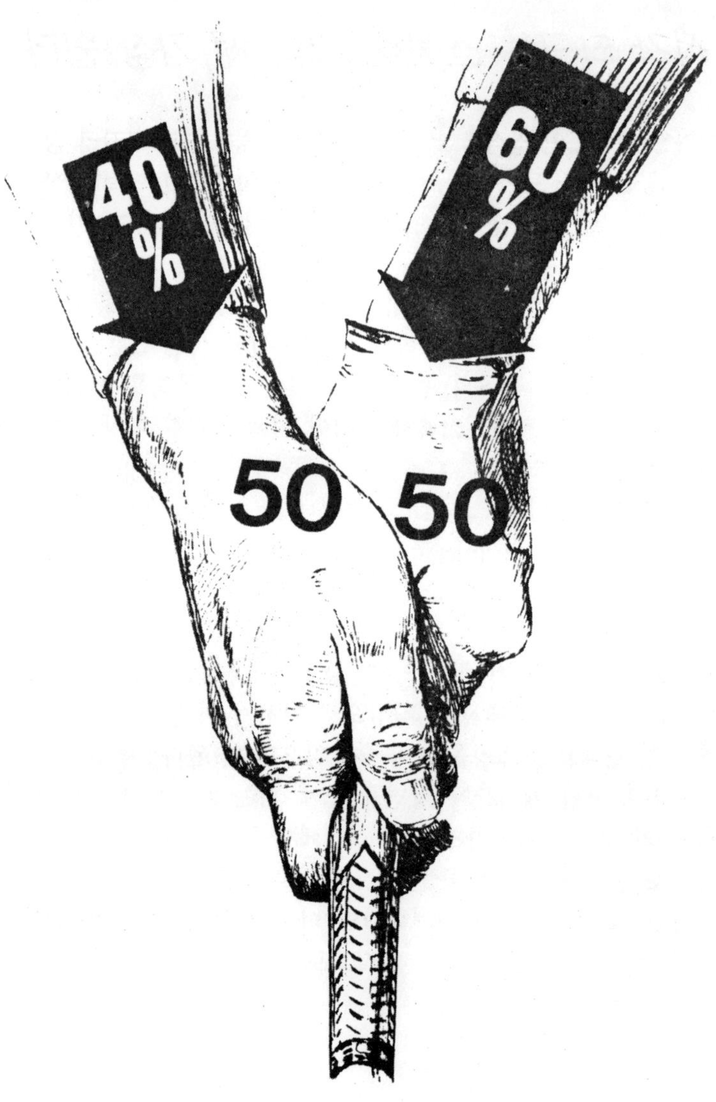

40
%
60
%
50
50

왼손등이 목표선과 직각이 돼야

공을 치기 위해 제일 먼저 하는 것은 그립을 잡는 일이다. 그립 잡는 방법이 여러 가지여서 그런 것은 아니지만, 그립을 제대로 잡기까지는 꽤 많은 노력과 시간이 필요하다. 분명히 그립을 잡는 방법에는 여러 가지가 있는데 그립은 하나라고 강조하니 도무지 갈피를 잡을 수 없다. 이것은 그립의 표준형이 하나밖에 없다는 말이 아니라 드라이버에서 퍼팅까지 같은 방법으로 그립을 잡으라는 말로 해석해야 할 것이다.

아마추어 골퍼의 모든 것은 스퀘어가 전부라고 했지만 그립도 예외는 아니다. 어드레스 때 클럽 페이스의 밑선(Leading Edge)이 목표선과 직각이 되듯 왼손의 등도 목표선을 직각으로 바라보는 그립이 돼야 한다. 그러면서도 그립이 놀지 않아야 한다. 공을 맞히는 순간 충격에 이기지 못해 그립이 놀면 공은 딴 방향으로 날아간다. 그렇다고 힘주어 잡으면 그만이라고 간단하게 생각할 수 있지만, 그립을 힘있게 잡는다고 해결될 문제는 아니다. 그것은 그립이 손만의 문제가 아니기 때문이다.

그립이 좋으면 손목도 바르게 쓰게 되어 결과적으로는 타구가 정확해진다. 보다 멀리, 보다 정확하게 날아가는 타구는 몸 각 부분의 조화에서 비롯된다. 스윙이란 팔과 어깨의 동작뿐만 아니라 허리나 발끝까지도 한 덩어리가 되어 움직여야 한다.

그립은 양 손의 힘이 균등하게 작용해야 이상적이다. 유독 오른손이 강한 사람(대부분의 오른손잡이가 그렇지만)은 왼손과 오른손의 힘의 비율을 6:4로 배분해서 잡아야 힘의 불균형을 균등하게 만들 수 있다.

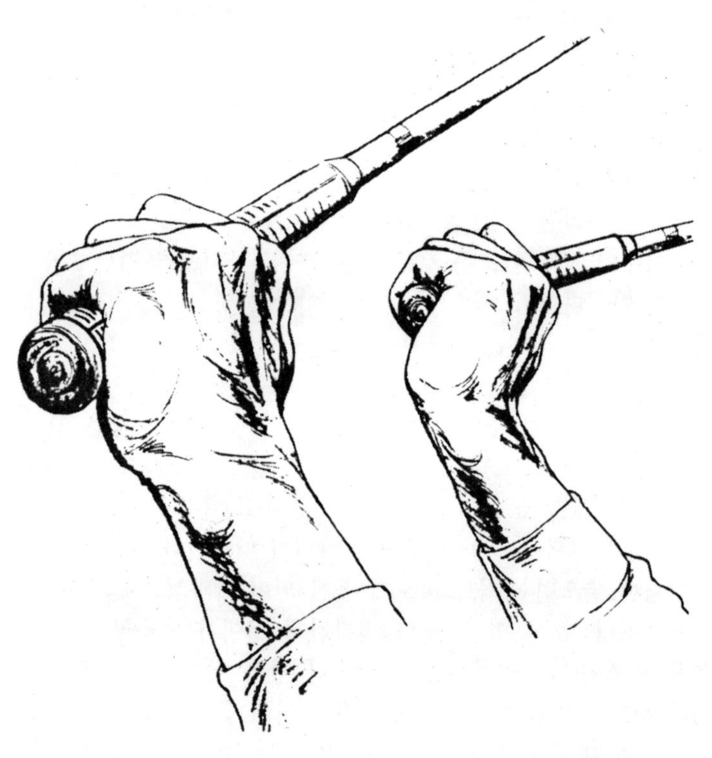

그립 끝선이 가리도록 잡지 마라

긴 것을 짧게 잡는다면 분명히 이것은 밑지는 장사(?)다. 사람은 경제적인 관념을 본능적으로 가지고 태어난다지만, 그래서 그런지 골프채를 잡는 데에도 결코 밑지지 않으려는 고집을 초보자일수록 강하게 나타낸다. 골프채는 길어야 43인치(1번 우드 −Driver)다. 이것을 조금이라도 짧게 잡으면 분명히 손해를 볼 것 같은 피해망상 때문에 그립 끝까지 길게 잡게 된다.

클럽을 잡는 것은 스윙을 하기 위해서고 스윙은 공을 보다 멀리, 보다 정확하게 보내기 위해서다. 그래서 가장 힘을 많이 낼 수 있는 방법으로 클럽을 잡고 휘둘러야 한다. 그립 끝(Grip-End)에는 띠(선)가 그어져 있어 아무리 길게 잡아도 이 띠가 가리도록 잡아서는 안 된다. 그래야 스윙의 균형이 정확하게 유지된다고 한다. 그렇기 때문에 클럽을 잡을 때에는 이 끝선은 남겨 놓고 잡아야 한다. 톱 오브 스윙 때 가장 긴요한 코킹(Cocking)이 잘못되는 것도 그립을 너무 길게 잡는 데서 기인한다.

그립을 길게 잡으면 클럽 헤드의 무게를 지탱할 수 없어서 손목이 왼손의 등 쪽으로 꺾이게 된다. 그러면 클럽 페이스가 열려서 공을 직각으로 맞힐 수 없게 된다. 설사 긴 클럽을 짧게 잡으면 밑진다고 해 두자. 결코 그럴 리는 없지만 손해를 보더라도 그립은 길게 잡지 않아야 공이 바로 맞는다.

그립을 짧게 잡으면 손목이 잘못 꺾이는 일은 없다. 그립을 짧게 잡으면 스윙 때 클럽을 조절하기가 얼마나 편한지 모른다.

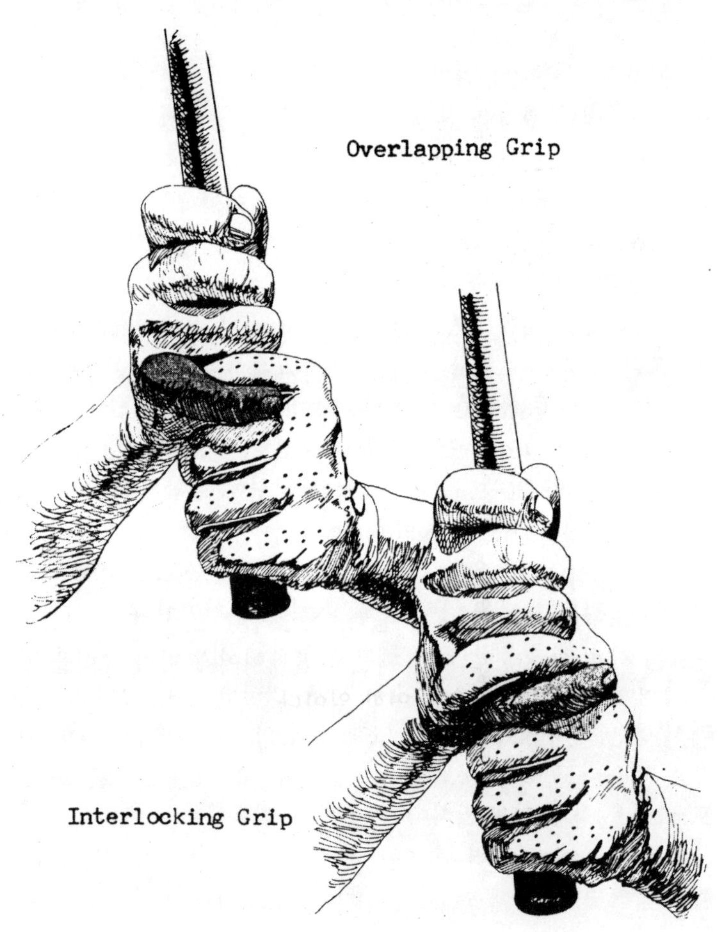
Overlapping Grip
Interlocking Grip

손이 작은 사람은 인터로킹 그립을

스윙은 지나치게 인위적이거나 억지로 만들어져서는 안 된다. 몸을 쓸 때 자연스럽게 움직이는 것처럼 좋은 것은 없다. 그 중 하나가 그립이다. 지금은 그립의 표준형처럼 알려진 오른손 새끼손가락을 왼손 둘째와 세째손가락 사이에 얹어 놓는 오버래핑 그립(Overlapping Grip)도 따지고 보면 골프 550년 역사 속에 등장한 것은 고작 90여 년에 지나지 않는다.

이것이 변형되어 오른손 새끼손가락을 왼손 둘째손가락과 서로 어기채 끼어잡는 인터로킹 그립(Interlocking Grip)은 그보다 훨씬 뒤의 일이다. 오버래핑 그립이 현대 골프의 주류를 이루고 있지만 그것이 절대적인 표준형은 아니며, 그렇다고 인터로킹 그립이 정도에서 벗어난 변칙적인 그립도 아니다.

골프란 어디까지나 플레이어의 특성에 맞는 상대적인 것이어야 한다. 오버래핑 그립이 일반적이라 해서 반드시 이것을 의무적으로 모방해야 할 필요는 없다. 사람마다 손의 크기와 힘의 강도는 서로 다르다. 그렇기 때문에 플레이어에 따라 그립을 잡는 방법을 달리하는 것은 당연한 일이다.

오버래핑 그립은 손이 작은 사람에겐 적합하지 않다고 알려져 왔다. 그립의 목적은 좌우 양쪽 손이 한 점에 모여서 하나의 힘으로 결집돼서 일체감을 만들어내는 데 있다. 손이 작은 사람이 오버래핑 그립을 하면 큰 힘을 만들어내기 어렵다는 것이다. 이와 반대로 인터로킹 그립은 손이 작은 사람이라도 확실하게 그립을 잡을 수 있는 이점이 있다. 중요한 것은 자기 손의 크기에 맞는 그립을 해야 스윙도 타구도 인정된다는 것이다.

이제 우리 나라도 골프 대중화의 문턱에 들어섰다고 야단들이다. 아니, 야단법석을 떨 것까지는 없어도 흥분 상태에 있는 것만은 사실이고, 그래서 골프장 회원권값도 투기 대상 품목으로 등장한 지 오래다. 골프 인구뿐만 아니라 골프 연습장만 봐도 이런 흐름을 피부로 느낄 정도다. 담배 가게까지는 안 가더라도 빈 터만 있으면 철탑 사이로 나일론망이 쳐져 있다.

그러나 골프의 대중화란 누구든 언제 어디서나 플레이할 수 있는 여건이 조성됐을 때 비로소 참다운 국민의 스포츠로서 자리잡게 되는 것이다. 설령 그렇게 된다 해도 문제점은 계속 남게 된다.

다른 모든 운동 경기에도 해당되는 일이지만, 특히 골프만큼은 골프채를 잡을 줄 알고 연습공 몇 개를 쳐 봤다고 별안간 코스에 나가서 플레이해서는 안 된다. 유독 골프만큼은 지켜야 할 에티켓이 있고 알아야 할 규칙이 있다.

적어도 남을 불쾌하게 해선 안 된다. 이것이 골프의 특성이고 자랑이다. 그렇기 때문에 초보자가 꼭 알아야 할 것은 기술 지도를 받기 전에 골프에 대한 일반적인 지식(에티켓, 룰, 용어 등)을 아는 것이 우선돼야 하고, 그 다음이 상수에게서 배우는 기술 습득이다. 그리고 나서 해야 할 것은 이를 되풀이하는 반복 운동이 있을 뿐이다.

이 3가지 연동 작용을 통해 기초뿐만 아니라 고급 기술까지도 내 것으로 만들 수 있는 것이다.

어드레스
Address

2

스윙 스타일에 알맞는 어드레스를

야구의 타법 중에 골프 스윙이란 게 있다. 분명히 야구 중계 방송인데 골프 스윙이라…… 일반적으로 야구의 타법은 옆으로 휘두르는 수평 타법이지만, 골프 스윙은 아래서 위로 올려치는 수직 타법(?)이다. 골프 스윙에서 클럽 헤드가 움직이는 궤도는 동일한 평면에서 움직이게 되지만, 그 평면은 목표선에 대해서는 비스듬히 누워 있게 된다. 이것은 야구공과는 달리 땅 위에 멎어 있는 공을 치기 때문에 그만큼 상체를 앞으로 숙여서 때리지 않으면 공을 맞힐 수 없기 때문이다.

이렇게 몸을 앞으로 숙이고 몸을 비틀 때 스윙 평면(Swing Plane)이 얼마만큼 누워 있는가 하는 것은 대단히 큰 의미를 갖는다. 이것은 클럽 헤드를 세워서 (수직으로) 휘두르는가 아니면 지면과 평행에 가깝도록 옆으로 휘두르는가 하는 문제이기 때문이다. 이것을 극단적으로 말하면 수직으로 휘두르는 스윙은 물레바퀴처럼 돌아가고 이것을 업라이트 스윙(Upright Swing)이라 하며, 중심축이 수직으로 돌아가는 스윙을 플랫 스윙(Flat Swing)이라 한다.

그렇지만 아무리 완전한 업라이트 스윙도 또 나무랄 데 없는 플랫 스윙도 골프 스윙에는 있을 수 없는 스윙 스타일이다. 다만 얼마만큼 스윙 평면이 수직에 가깝고(Upright) 평행에 가까운가(Flat) 하는 것이 중요할 뿐이다. 그것은 바로 공과 몸과의 거리와 밀접한 관계가 있기 때문이다. 공에 가깝게 서면 업라이트가 되고 공에서 멀리 떨어지면 플랫 스윙이 된다. 어느쪽이 좋다 나쁘다 하는 것은 별개로 치더라도 어떤 스윙 스타일을 택해도 이에 맞는 어드레스를 하는 것만이 중요한 문제이다.

스퀘어 스탠스가 아마추어의 기본

아마추어 골퍼의 모든 것은 스퀘어가 기본이라고 했다. 그립, 스탠스는 물론 허리, 어깨의 좌우 연결선까지도 목표선과 평행이 되는 것이 스퀘어의 기본형이다. 그래서 그 전부 또는 일부가 목표 쪽으로 열려 있으면 슬라이스가 나기 쉬운 자세라고 못박는다. 스탠스가 열려 있으면 허리도 어깨도 열리게 된다. 이것은 공이 오른쪽으로 휘는 것이 마음에 걸려서 점점 왼쪽으로 몸을 틀 때 일어나는 현상이다.

그런데 자기 자신은 왼쪽을 보고 있다고 느끼지 못하고 오히려 페어웨이 한복판을 겨냥하고 있다고 믿고 있는 데 문제의 심각성은 있는 것이다. 그 결과 공은 깎여 맞아서 슬라이스가 나게 된다. 바나나공(슬라이스)이 무섭다…… 그래서 왼쪽을 보게 되고…… 그러면 그럴수록 몸이 열리면서 슬라이스는 심해지고…… 이런 악순환이 계속되면 타구에 대한 자신감은 사라지고 불안만 남게 된다. 이때 꼭 지켜야 할 일은 모든 것을 스퀘어로 되돌리는 일이다.

스탠스는 스퀘어라도 허리나 어깨가 열려 있을 때가 있다. 슬라이스를 막는다고 오른손을 엎어잡으면(스트롱 그립) 오른팔이 필요 이상으로 앞으로 나와서 어깨가 열리게 된다. 또 어드레스 때 오른쪽 팔꿈치가 밖으로 빠져도 마찬가지로 슬라이스를 유발하는 자세가 된다. 어쨌든 스윙 평면이라는 것은 어깨선대로 이뤄진다. 어깨가 열려 있으면 스윙 평면도 목표보다 왼쪽으로 옮겨져 필연적으로 슬라이스가 날 수밖에 없는 스윙이 된다.

어드레스 때 양쪽 겨드랑이 붙여라

스윙의 2대 목표는 거리와 방향이다. 거리를 내기 위해서는 무엇보다도 두 팔을 자유롭게 쓸 수 있어야 한다. 이때 중요한 것이 공과 몸과의 거리다. 어드레스 때 공과의 거리가 멀어도 또 지나치게 가까워도 힘을 쓸 수가 없다. 아무리 스윙의 기본 자세가 좋아도 이 거리가 적절하게 유지되지 않으면 타구 거리는 반감되고 만다.

일반적으로 아마추어 골퍼는 어드레스 때 거리에 대한 욕심이 지나쳐서 남에게 지지 않으려는 의욕이 오기로 바뀐다. 이런 잘못된 생각이 공을 때리기도 전에 (어드레스 때) 나타나게 된다. 즉 두 팔을 앞으로 쭉 뻗어 공에서 멀리 떨어져 있으면 힘이 빠진 곳이라곤 한 군데도 찾아볼 수 없다. 심지어 땅을 밟고 있는 두 다리까지 부들부들 떨고 있을 정도다. 이렇게 온 몸에 힘이 들어가 있으면 오히려 힘 있는 스윙은 불가능하다. 더욱더 나쁜 것은 양쪽 겨드랑이가 떨어져 있으면 문제는 심각해진다. 팔을 자유롭게 쓸 수 있는 자세가 좋다고 해서 지나치게 공에서 멀리 떨어져 서면 아무래도 스윙이 멋없이 딱딱해질 수밖에 없다.

이와는 반대로 전봇대처럼 꼿꼿이 서 있는 자세에서도 힘 있는 스윙은 기대하기 어렵다. 다시 말하면 어드레스 때 공과의 거리가 너무 가까워도 팔동작(스윙)은 거북해진다. 그것은 양쪽 겨드랑이가 몸에 붙어서 팔을 자유롭게 쓸 수 없기 때문이다. 특히 여성의 경우는…… 겨드랑이 끝은 붙어 있으면서 팔꿈치가 몸에서 떨어진 자세…… 이것이 팔을 자유롭게 쓸 수 있는 이상형인 것이다.

어드레스 때 오른쪽 눈은 공 뒤를……

아마추어 골프는 스윙이 전부라고 했다. 아무리 그립을 바로 잡고 스탠스가 정확해도 어드레스 자세 여하에 따라 스윙은 많이 달라지게 된다. 코 위에 눈이 있듯 발 위에 무릎이 있는 것은 너무나도 당연한 일이다. 무릎 위에 허리가, 허리 위에 몸통이 있고, 그 위에 어깨가 있게 마련이다. 어깨에서 두 가닥의 팔이 뻗어 있고 목 위에 머리가 붙어 있는 것이 사람의 몸이다. 이렇게 사람의 몸에는 여러 가지 부품(부위)이 있지만 이것을 어떻게 놓아야 좋을지 몰라 골프를 시작한 초창기에는 어드레스를 한다는 것 자체가 여간 부담스럽지가 않다. 아무리 노력하고 연구해도 어색하기만 하다.

그러나 연습공을 치는 동안에 자신도 모르게 자연스럽고 편안한 자세로 돌아오게 되는 것이 사필귀정이고 자연의 이치다. 이렇듯 어드레스를 바르게 할 정도가 되면 어느 정도 골퍼로서의 기본 자세는 확립한 것이나 다름이 없다. 어드레스를 보면 그 사람의 실력(핸드캡)을 안다고 했으니, 참으로 어드레스란 골프 스윙의 기본 중의 기본인 것이다.

정확한 어드레스란 다른 것이 아니다. 골프 스윙이 좌우 대칭을 이루듯 오른쪽 눈은 오른쪽 무릎 위에 놓이면 되고 머리는 공 뒤에 있으면 그만이다. 이런 자세가 어드레스의 기본이지만, 오른쪽 눈이 오른쪽 무릎 위에 있으면 자연히 그렇게 될 수밖에 없는 것이다. 그립을 잡은 두 손이 몸에서 멀리 떨어지면 이것 또한 부자연스러운 어드레스가 되고 만다. 어느 것 하나 스윙 궤도가 흐트러지는 일은 없어야겠다. 그러나 눈과 손과 무릎이 정상 위치에 놓여져 있으면 스윙은 절대로 잘못되는 일은 없다. 이렇게 빈틈없는 어드레스 자세를 확인하는 것도 골프 기술 못지않는 기본 기술임을 알아야 할 것이다.

하반신 안정시켜야 스윙 정확하다

골프는 스윙이 전부라는 것은 이젠 알 만한 사람은 (적어도 스포츠서울 100만 독자만큼은) 다 알고 있을 것이다. 그런데 골프채 한번 휘두르는 데 웬 간섭이 그렇게도 많은지 모르겠다. 여러 가지 제약 중에서도 특히 하반신의 안정만큼은 엄격히 지켜야 할 지시 사항이다. 그래야 스윙이 정확해진다.

균형이 잡히지 않아 몸이 흔들리는 상태에서 클럽을 휘두르면 스윙이 바로 될 수 없는 것은 뻔한 일이다. 몸이 안정을 잃으면 아무리 스윙을 잘해도 정확한 원을 그리지 못하며, 결과적으로는 공을 바로 맞힐 수 없게 되고⋯⋯. 이처럼 하반신과 스윙은 밀접한 관계가 있다.

그런데 하반신을 안정시키기 위해서는 허리를 잘 쓸 줄 알아야 한다. 허리를 잘 쓰면 스윙도 정확하고 힘도 솟는다. 반대로 허리 자세가 잘못돼 있으면 스윙은 실패로 끝나고 만다. 그러면 어떻게 허리를 써야 하반신이 안정되는가.

일반적으로 골프가 서투른 사람의 자세를 보면 어드레스 자세가 허술하고 불안정하다. 마치 의자에 앉는 것처럼 엉덩이를 밑으로 깔고 엉거주춤 서 있는 그런 자세다. 이런 자세에서는 아무리 힘이 장사라도 힘을 쓸 수 없다. 좀더 허리를 뒤로 빼서 엉덩이가 하늘을 찌르는 듯한 그런 자세라야 하반신이 안정되고 스윙도 힘차게 이뤄진다. 그래야 스윙축도 흔들리지 않아 공은 힘있게 뻗어나간다. 이 원리를 모르고 용을 쓰면 온 몸이 쑤셔서 골프가 마치 힘든 노동처럼 느껴질 뿐이다.

어드레스 자세가 낮으면 타구가 짧다

취미가 골프라고 떳떳하게 말하는 사람들도 드라이버샷이 거리가 나지 않으면 이처럼 속이 상하는 일도 없을 것이다. 골프를 배울 때부터 거리가 나지 않았다면 체념할 수도 있지만, 지금까지 제법 거리가 나던 것이 갑자기 거리가 나지 않는다면 쉽게 단념할 수도 없는 일이다. 자기 자신은 죽기살기로 힘껏 휘두르고 있는데 좀처럼 거리는 나지 않고, 오히려 마음 먹고 때리면 때릴수록 거리는 줄어들기만 한다.

이런 경우는 대개 어드레스 때 자세가 지나치게 앞으로 숙여 있을 때가 많다. 이것은 거리가 나지 않기 때문에 몸을 숙인 것인지, 아니면 몸을 많이 숙였기 때문에 거리가 나지 않는 것인지……. 마치 닭과 달걀의 인과 관계처럼 어느 쪽이 먼저냐고 단언할 수는 없다. 그렇지만 거리가 나지 않으니 몸을 숙이게 되고 몸을 숙이니까 더욱더 거리가 나지 않는 악순환이 되풀이되기 때문에 고민은 심각해진다.

그런데 거리가 나지 않으면 왜 몸을 많이 숙이게 되는가. 그것은 거리를 내려는 지나친 생각이 상반신에 힘이 들어가게 만들고, 그 힘은 공 쪽으로 향하게 되어 몸을 낮게 숙이는 어드레스 자세가 되는 것이다. 어드레스 자세가 낮으면 스윙하기가 여간 곤혹스럽지 않다. 어깨가 돌아가지 않으니 몸을 충분히 꼴 수도 없다. 결과적으로 스윙은 작아지고 클럽 헤드의 스피드는 떨어진다. 그렇기 때문에 타구 거리가 짧아질 수밖에 없다. 별안간 거리가 나지 않을 때에는 어드레스 자세를 체크하는 것도 잊어서는 안 된다.

공에 모든 정신을 집중하라

결정적인 순간의 1타가 승자와 패자를 갈라 놓는다. 그런데 승패를 갈라 놓는 1타는 티샷일 수도, 제2타일 수도, 때로는 벙커샷 아니면 마지막 퍼팅일 수도 있다. 그렇지만 아마추어 골퍼에게는 아무래도 티샷이야말로 스코어(승패)뿐만 아니라 그날의 플레이를 즐겁게도 만들고 괴롭게도 만드는 결정타이다.

티샷, 특히 드라이버샷(티샷이라고 반드시 드라이버로 치는 것은 아니다)은 전략상 코스 관리라는 측면에서 매우 중요한 의미를 갖는다. 타구 거리가 길고(장타) 방향이 정확하면 그만큼 목표에 가까이 갈 수가 있기 때문이다. 골퍼라면 누구나 이 결정적인 1타를 나이스샷으로 이끌기 위해 온갖 노력과 정성을 쏟는다. 골프에서는 모든 것이 기본뿐이라고 했다.

얼핏 보면 기술 같은(?) 타구도 근원을 따져보면 기본에 충실한 평범한 타구에 불과하다. 그립, 스탠스, 스윙까지도 아주 일품인데 공을 제대로 맞히지 못하는 것은 (멀리 정확하게) 공을 때리는 순간 공을 보지 않기 때문이라고 했다. 이것도 충분한 연습만 있으면 눈을 감고도 칠 수 있는 감각적인 타구를 할 수도 있다.

그러나 우리는 여가를 즐기는 아마추어 골퍼가 아닌가. 공을 본다는 것은 시각적으로 공이 망막 속으로 들어오는 것뿐만 아니라 공을 바라보는 순간 공의 영상이 머리 속에 들어와 있어야 한다. 이것이 소위 정신 집중이다. 공의 어느 한 점을 뚫어지게 쏘아보는 자세…… 마치 쥐를 노려보는 고양이의 눈처럼 말이다. 이것이 기량 향상을 위한 타구의 기본 중의 기본이다.

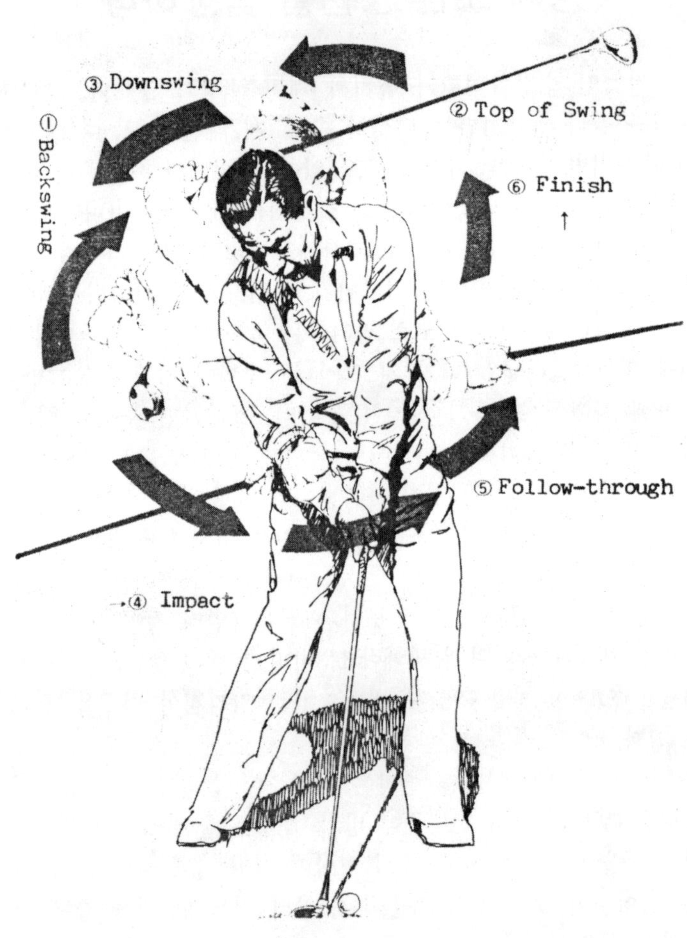

③ Downswing
② Top of Swing
① Backswing
⑥ Finish
④ Impact
⑤ Follow-through

왼팔과 클럽은 하나가 돼야

클럽 페이스가 처음부터(어드레스) 목표선과 직각이 되게 하는 것이 급선무라고 했다. 그래야 클럽 페이스와 왼손의 등이(팔등까지 포함해서) 동일 평면상에서 한 덩어리가 되어 공을 직각으로 맞힐 수 있는 관계를 유지할 수 있게 된다. 그리고 스윙하는 동안에 이 직각의 관계는 어떤 일이 있어도 흐트러져서는 안 된다.

백스윙 때 몸이 돌면 클럽 헤드도 큰 원을 그리면서 따라 돌게 된다. 그러면 다운스윙도 바른 궤도를 따라 내려오면서 공을 맞힐 때에는 클럽 페이스의 방향이 자연히 직각이 되고 만다. 이때 절실하게 알아야 할 것은 왼쪽 어깨에서 클럽 헤드까지를 판자(평면)로 묶어 놓은 직선처럼 느낄 수 있어야 한다. 왼팔과 클럽이 하나가 돼서 같은 방향으로 동시에 움직인다고 생각해야 한다는 말이다. 초보자들의 스윙을 보면 클럽을 휘두른다기보다는 휘둘러지는 클럽에 몸이 따라가는 것 같은 동작이 많은데, 이것은 왼팔과 클럽의 일체화라는 의식 부족 때문이다. 어디 초보자뿐이랴……. 10여 년의 경력을 자랑하면서도 스윙이 나쁜 사람은 몽땅 이 부류에 속할 것이다.

세상에는 기본을 아는 척하면서 기본을 모르는 골퍼가 얼마나 많은가. 기본이란 '원리'를 말하는 것이지 '폼'을 따르라는 말은 아니다. '원리'를 무시하고 흉내만 내다 보니 결점투성이의 스윙이 되고 만다. 골프채(일종의 도구)를 완전하게 조작할 수 있는 비결은 그 도구 자체까지도 자기 몸의 일부로 만들어 버리는 것이다. 손끝에 매달려 있는 클럽도 팔이 조금 길어졌다고 느낄 수 있어야 한다. 그래야 스윙이 '내 것'이 되는 것이다.

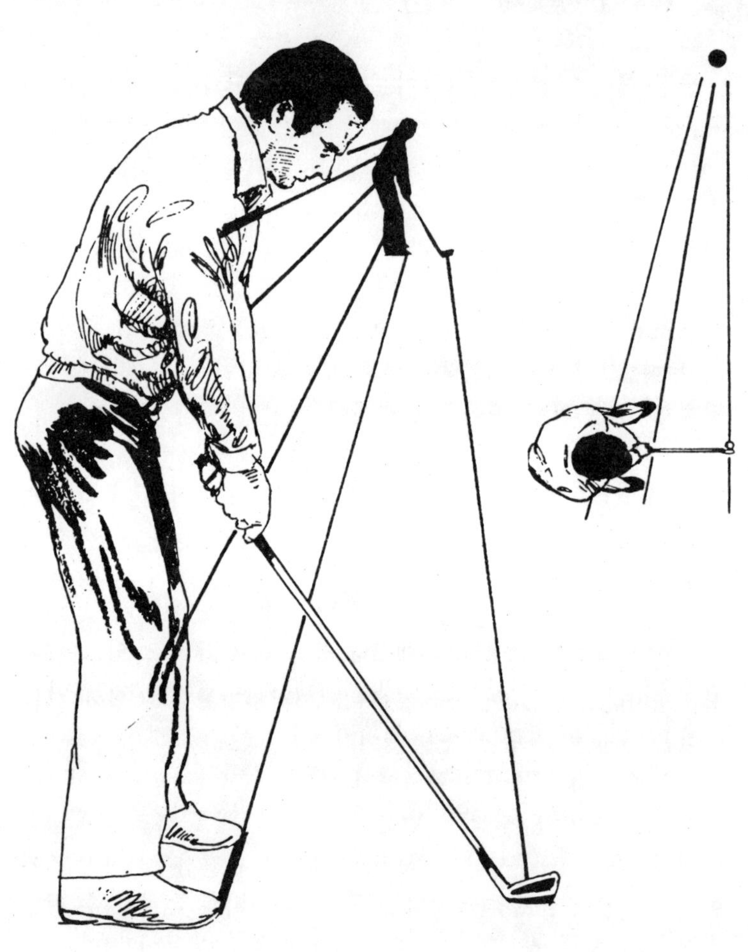

스탠스 방향은 목표 약간 왼쪽을

　정확한 방향에 맞춰 스탠스를 잡는 방법을 안다는 것은 아마추어나 프로 골퍼 가릴 것 없이 누구에게나 타구에 미치는 영향은 대단한 비중을 차지한다. 그런데 일반적으로 아마추어 골퍼는 목표 오른쪽을 보고 어드레스 자세를 잡는 버릇이 있다. 연습장에서는 고정된 타석 위에서 그어진 선(고무 매트 같은)에 맞춰 어드레스를 하기 때문에 이런 잘못은 일어나지 않는다. 그러나 코스에는 그런 일정하게 정해진 자리 같은 것이 없어서 스탠스의 방향 설정에 어려움을 겪게 된다. 그래서 그런지 타석에 들어서면 목표 오른쪽을 보고 스탠스를 잡는다. 물론 이렇게 잘못 서 있는 스탠스 방향을 본인은 바른 방향이라고 믿고 있기 때문이다. 일반 골퍼의 대부분이 이런 잘못된 습관에 물들어 있을 것이다.

　그러나 알 수 없는 것은, 인간의 시각이나 감각은 공을 맞히는 순간 무의식적으로 목표 쪽으로 공을 보내려는 본능적인 잠재력이 발동하게 된다. 그래서 몸은 오른쪽을 보고 있으면서 왼쪽으로 끌어 잡아당기는 스윙을 하게 되는 것이다. 바로 이것이 스윙을 그르치는 근본적인 원인이 된다.

　스윙 궤도가 목표선 밖에서 안으로 들어오기도 하고(Outside-to-In) 때로는 상체가 왼쪽으로 쏠리는 변칙 스윙이 되기도 한다. 그렇기 때문에 장타 단타를 따지기 전에 스탠스의 방향을 바로 잡는 습관을 기르지 않으면 안 된다. 어떤 의미에서는 목표보다 약간 왼쪽을 보는 듯한 자세가 바른 자세라고 말할 수도 있다. 그것은 어깨선은 목표 왼쪽을 보게 되기 때문이다.

골프에는 두 가지 다른 세계가 있다. 하나는 돈벌이를 일삼는 프로 골프의 세계고 다른 하나는 여가 선용…… 체력 증진…… 건전한 스포츠로서 플레이 자체를 즐기는 아마추어의 세계다.

그러나 어느쪽이든 골퍼가 일단 코스에 나가면 1타라도 줄이려고 최선을 다하며, 시합이라면 꼭 이기고 싶은 것이 어쩔 수 없는 골퍼의 공통 심리다. 더욱더 중요한 것은 한번이라도 플레이를 같이한 사람은 피차 오랫동안 기억에 남는 사이가 돼야 한다. 그래서 이겨도 떳떳하게 이겨야 하고(Good Winner), 져도 후회 없이 져야 한다(Good Loser)고 했다. 그런데 그것이 그렇게 잘 되는 것만은 아닌 것 같다. 골프장에 갈 때는 호형호제 하면서 한 차로 갔다가도 돌아올 땐 어느새 남남이 되어 악수는 고사하고 아예 딴 차로 돌아온다는 것이다. 지나친 승부욕 때문이리라. 이런 일은 우리에게만 있는 것은 아니다.

1947년 미국 세인트 루이스에서 열렸던 US오픈 때의 일이다. 샘 스니드와 루 월섬이 연장전에 들어갔다. 지금은 연장전일 경우 서든 데스(Sudden Death)라고 해서 한 홀씩의 승부로 승자를 가리지만, 당시는 연장전도 18홀이나 했다. 말하자면 최종 라운드의 재경기인 셈이다. 다음날로 이어진 연장전도 대접전을 벌여 마지막 18홀 그린에 올릴 때까지 스코어는 동점이다. 그런데 18홀 그린에서도 똑같이 2m안팎의 퍼팅만을 남겨놓고 있는 상황이다. 약간 거리가 먼 스니드가 타석에 들어가서 어드레스했을 때 별안간 월섬이 거리를 재 보자고 제의했다. 이 때문에 집중력을 상실한 스니드는 결국 패하고 말았다.

얼마나 야비하고 비겁한 언동이랴…… 이 사건이 있은 후 패한 스니드에게는 동정의 성원이 쏟아졌지만, 우승한 월섬은 급격히 인기가 떨어져 끝내는 언제랄 것도 없이 프로의 세계에서 소리 없이 자취를 감추고 말았다. 우리 모두 떳떳한 패자가 될 수는 없을까.

왼쪽 겨드랑이 붙인 채 백스윙하라

공을 정통(직각)으로 맞히기 위해서는 어드레스 때 목표선에 대해 직각으로 놓았던 클럽 페이스의 방향을 바꾸지 말고 그대로 들어올렸다가 그대로 끌어내리는 것(Square-to-Square)처럼 쉽고 편리한 것은 없다고 했다.

그러나 백스윙 때 클럽 페이스가 열려서 슬라이스가 나는 사람이 많다. 이렇게 클럽 페이스가 열리는 것은 어깨는 돌아가지 않고 손만 들어올리거나 손을 시계 바늘과 같은 방향으로 원을 그리면서 돌리기 때문이지만, 어떤 경우도 클럽 페이스가 열리면 영락없이 왼쪽 겨드랑이가 벌어지게 된다.

이것을 시험하기 위해 왼쪽 겨드랑이에 손수건 같은 것을 끼워 놓고 백스윙을 해 보면 그 결과에 따라 확인할 수 있다. 즉 백스윙 때 손수건이 겨드랑이에서 떨어지면 클럽 페이스가 열려 있는 증거다. 이 실험을 통해 알 수 있는 일이지만, 클럽 페이스의 방향이 직각인 상태대로 들어올리기 위해서는 왼쪽 겨드랑이를 붙인 채 백스윙을 해야 한다는 것을 알 수 있다.

어드레스 때 그립을 잡은 두 손을 몸 밖으로 빠질 정도로 왼쪽으로 놓는 사람이 많은데, 이것이 슬라이스나 생크(Shank)의 첫번째 원인이다. 손(그립)이 왼쪽으로 빠지면 결과적으로는 왼쪽 겨드랑이가 벌어지게 되고 백스윙 때 어깨가 돌아가지 않고 클럽 페이스가 열리게 된다. 왼발 뒤꿈치 앞에 공을 놓고 클럽 페이스의 밑선(Leading Edge)이 목표선과 직각이 되게 놓으면, 두 손(그립)은 자연히 몸 중앙보다는 약간 왼쪽으로 오게 되는 것이 정상적인 자세이다.

백스윙은 느릴수록 좋다

거리는 속도와 함께 비례하지만, 온 몸이 한 덩어리가 되어 조화 있게 움직여야 하는 스윙은 빠른 것보다는 느린 편이 좋다. 그래서 그런지 '백스윙을 느리게 하라'는 말을 귀에 못이 박히도록 많이 들었다. 백스윙을 느기게 하라는 것은 스윙 속도도 문제가 되려니와 백스윙이 빠르면 스윙이 다 되기도 전에 서둘러서 다운스윙이 시작되는 결점이 더욱더 큰 문제다. 프로 골퍼의 스윙을 보면 스윙 전체의 속도(Tempo)에는 개인차가 있지만, 백스윙에서 다운스윙으로 이어지는 부분만큼은 속도가 아주 느린 것을 알 수 있다.

지나치리만큼 스윙이 빠른 사람도 톱 오브 스윙(Top of Swing)에서 다운스윙으로 옮길 때만은 한순간 동작을 멈추는 것 같은 느낌마저 들게 한다. 물론 실제로 스윙 동작이 멎을 리는 없지만, 마치 멎어 있는 것처럼 느리게 움직인다는 말이다. 다운스윙에 들어가는 순간 그립을 잡은 두 손은 그대로 둔 채 좌반신부터 움직이기 시작하기 때문에 손만 보면 마치 멎어 있는 것처럼 보이게 된다. 이런 식으로 손이 늦게 내려와야 클럽 헤드의 스피드는 가속된다.

장타의 비결은 공을 맞히는 순간(Impact)의 클럽 헤드의 속도가 빨라야 하지만, 이것을 의식적으로 빠르게 하려고 하면 오히려 다운스윙을 서두르는 결과가 되고 만다. 다운스윙을 느리게 하면서 임팩트 후 폴로스루 때의 스피드를 가속시킨다고 생각하면 공을 맞히는 순간의 속도가 빨라지게 되는 것이다.

백스윙 때는 어깨 충분히 돌려야

스윙은 클수록 좋다고 하지만, 백스윙 때 어깨가 충분히 돌아가야 스윙이 커진다는 것을 알아야 한다. 그런데 어깨는 아무리 많이 돌려도 필요 없을 만큼 지나치게 돌아가는 일은 없다. 그렇다고 무리하게 돌려도 된다는 말은 아니다. 스윙의 원리에서 크게 벗어나지 않으면서 아주 자연스럽게 이뤄지는 동작이어야 한다. 이것이 아마추어 골퍼가 가야 할 길이다.

골프를 처음 배울 때 어느 것 하나 어렵지 않게 느껴지는 것은 없지만, 그 중에서도 어깨를 돌리는 것이 가장 어렵다. 어느 운동도 처음부터 어렵다고 생각하면 아무리 노력해도 발전이 없고 흥미마저 잃게 된다. 더욱이 골프는 멎어 있는 공을 아무런 제약 없이 마음 내키는 대로 칠 수 있끼 때문에 이것을 어렵다고 생각한다면 웃기는(?) 일이다. 야구 선수들은 수십 종류나 되는 투수의 공을 잘도 맞혀내는데……. 멎어 있는 골프공쯤 자신 있게 때려 보자. 공을 제대로 맞히고 못 맞히고는 소질이나 운동신경 이전에 확실히 정신적인 내면 세계에도 문제가 있다. 나도 하면 된다는 자신감……. Yes, I can…….

결국 골프를, 아니 스윙을 어렵게 생각하느냐 아니면 쉽게 생각하느냐의 차이뿐이다. 어렵게 생각하면 큰 동작은 고사하고 조그마한 동작도, 사소한 규칙도 어렵게 느껴지고 끝내는 기술적인 진보도 상당히 늦어질 수밖에 없다. 어떤 운동도 기본을 잊어서는 안 된다. 전체적인 스윙 감각은 물론 부분적인 근육의 움직임과 연관성 그리고 심리적인 작용까지도 항상 기본에 충실해야만 된다. 골프란 단순히 클럽을 정확하게 휘두르는 경기가 아니라 정확한 타구에 못지않게 머리를 쓸 줄 알아야 한다.

Flat Swing
Upright Swing

백스윙 때 두 손은 왼쪽 어깨 따라 돌려야

공을 멀리 바로 보내기 위해서는 두 팔을 자유롭게 쓸 수 있어야 하고 손목을 바로 꺾을 줄 알아야 한다. 손목을 바로 쓰지 못하는 것은 백스윙 때 클럽을 손으로 끌어올리기 때문이다. 그립을 잡은 두 손은 왼쪽 어깨가 돌아가는 대로 따라가는 감각이어야 한다. 이것이 백스윙의 요령이고 손목을 바로 쓰는 첩경이다. 스윙은 클럽 헤드가 가야 할 길(Swing Path)을 바로 잡아 주면 완성된다.

그렇지만 스윙 궤도는 스윙 평면(Swing Plane)과 밀접한 관계가 있다. 흔히 키가 큰 사람은 업라이트 스윙(Upright Swing)이 되고 작은 사람은 플랫 스윙(Flat Swing)이 된다고 하지만, 이것은 바른 표현이 아니다. 키가 크고 작은 것만을 따지면 스윙의 일반론은 그렇다고 말할 수도 있지만, 스윙 평면은 그렇게 일률적으로 결정되는 것이 아니라 플레이어 자신의 초기 단계의 습관 때문에 그렇게 되는 것뿐이다.

키가 작은 사람도 업라이트 스윙이 가능하고 키가 크다고 플랫 스윙을 못하는 것은 아니다. 스윙 평면이 서로 다른 이 두 가지 스윙의 차이점은 톱 오브 스윙 때의 그립을 잡은 두 손의 높이에 의해서 판별된다. 손이 오른쪽 어깨보다 낮으면 플랫 스윙이 되고 높으면 업라이트 스윙이 되는 것이다.

그렇기 때문에 스윙 평면에 따라 결정되는 스윙 스타일을 놓고 이러쿵저러쿵 따질 필요는 없다. 다만 공을 직각으로 맞히기 위해서는 바로 올라갔다 바로 내려오는 업라이트 스윙이 확률이 높은 것뿐이다.

오버 스윙 막으려면 백스윙 때 왼팔 펴라

아무리 스윙이 어려워도 스윙은 클수록 좋은 것이 골프다. 물론 바른 스윙을 한다는 전제에서다. 백스윙이 시작되면 몸을 오른쪽으로 꼬면서 클럽을 들어올릴 때 어디까지 올리고 얼마만큼 돌려야 하는지를 아는 것도 매우 중요한 문제다.

일반적으로 백스윙이 크면 그만큼 힘도 커진다고 생각하지만 절대로 그렇지는 않다. 백스윙이 커야 힘이 강해진다고 생각하는 착각은 과감하게 버려야 한다. 백스윙이 제멋대로 커져서 톱 오브 스윙 때 클럽 헤드가 밑으로 처지면 힘 있는 다운스윙이 될 수 없다. 백스윙 때 몸이 비틀어지면서 힘은 점점 저축되지만, 스윙의 끝점에서 클럽 헤드가 아래로 처지면 모처럼 저축한 힘이 달아나고 만다. 말하자면 오버 스윙이 된다는 것이고, 오버 스윙은 오히려 힘을 못 쓰게 만드는 요인이 된다.

오버 스윙을 막는 방법은 간단하다. 백스윙 때 왼팔이 펴지면 절대로 오버 스윙이 되지 않는다. 왼쪽 팔꿈치가 자연스럽게 살짝 굽는 것은 별 지장이 없지만, 지나치게 꺾이면 소위 오버 스윙이 되어 마치 클럽을 둘러메는 꼴이 되고 만다. 그러면 모처럼 저축한 힘을 낭비하는 비경제적인 스윙이 된다. 뿐만 아니라 왼팔이 굽으면 일정한 원을 그려야 하는 스윙의 원리에서 벗어나 반지름이 짧아지고, 공을 맞힐 때에는 다시 팔을 펴서 원위치로 돌아가야 하는 부담이 따른다.

백스윙 때 클럽 헤드는 어깨선과 평행이 될 정도가 한계점이고, 그 이상 넘어가면 분명히 오버 스윙이 되는 것이다.

클럽 헤드의 백스윙 궤도를 항상 같게

스윙은 다운스윙보다 백스윙이 어렵다. 백스윙 중에서도 톱 오브 스윙의 위치가 일정치 않기 때문에 타구마다 구질이 달라지게 된다. 아마추어 골퍼가 수준급 실력을 갖추려면 백스윙 때 클럽 헤드가 항상 일정한.길(궤도)을 따라 움직일 수 있도록 해야 한다. 프로 골퍼의 타구(기술)는 뛰어나지만 이론까지도 훌륭하다고는 할 수 없다.

때로는 아마추어 골퍼의 기술적인 이론이 나름대로 각고의 노력 끝에 얻어진 결과이기 때문에, 아마추어 골퍼에게는 설득력도 있고 강한 호소력이 있다. 아마추어 골퍼에겐 순수하고 성실한 바탕이 있기 때문이다. 그 바탕 위에 탄생된 이론이기 때문에 '과부의 사정은 과부가 안다'고 아마추어 골퍼의 괴로움과 어려움을 극복해서 얻어진 것이어서 이해하기도 쉽다.

골프 스윙의 최대 목표인 '보다 멀리, 보다 정확하게'(Far and Sure) 공을 치기 위해서는 클럽 헤드의 스피드를 극대화시키는 데 있다. 이를 위해서는 클럽을 잡고 있는 두 손을 자유롭게 쓸 수 있어야 한다. 몸을 돌리고 팔을 휘두르고 무릎과 허리를 넣는 스윙의 절차는 모두 이를 위한 수단에 지나지 않는다. 그렇기 때문에 무엇보다도 팔을 자유롭게 쓸 수 있는 자세와 클럽 헤드의 속도를 가속시킬 수 있는 방법을 찾아내야 한다. 이때 중요한 것은 스윙을 항상 일정하게 해야 한다는 것이다.

사람마다 체격이나 체력은 달라도 각자의 스윙은 나름대로 똑같아야 한다. 그래야 컨트롤이 좋은 스윙을 할 수 있고 그림 같은 타구를 할 수 있다.

백스윙, 수평, 수직 운동을 함께

골프 스윙이 원운동인 것은 누구나 알고 있는 사실이다. 그러나 원의 운동 방향이 일정치 않아 스윙의 어려움은 그대로 남는다. 차라리 스윙의 운동 방향이 수평이라든가 아니면 수직이라면 쉽게 흉내라도 낼 수 있지만, 골프 스윙은 비스듬히 누워 있는 원이어서 바로 여기에 잘못 되기 쉬운 요인이 있다.

백스윙은 어깨를 돌리고 몸을 비틀기 위해서 손과 허리가 움직인다. 이런 점에서 살펴보면 스윙은 클럽을 위로 올리기 전에 옆으로 움직이는 동작이 있어야 한다. 즉 백스윙은 옆으로 움직이는 동작과 세로(위로) 움직이는 동작이 결합된 동작이다. 백스윙 때 어깨는 돌리지 않고 손만 밖으로 치켜올리는 사람이 있는가 하면, 손을 지나치게 안으로 끌면서 답답하리만큼 어색한 스윙을 하는 사람도 있다. 이렇게 클럽을 목표선 밖으로 들어올리는 것은 원의 수직 운동만 생각하기 때문이다. 클럽 헤드를 몸 안쪽으로 끄는 것은 수평 운동만을 생각하기 때문이다.

어드레스 때 그립을 잡은 두 손과 몸과의 거리는 테이크백 때에도 그대로 유지돼야 한다. 샤프트가 지면과 평행이 되는 지점까지 손과 몸의 간격을 유지하고 옆으로 끌면 어깨는 따라 돌게 된다. 이렇게 백스윙이 시작되면 클럽 페이스의 방향도 목표선과 직각을 이룬 채 올라가게 된다. 이렇게 백스윙은 일단 클럽 헤드를 옆으로 끌었다 오른쪽 어깨 쪽으로 끌어올리면 클럽이 밖으로 빠지거나 지나치게 안으로 끌리는 일은 방지할 수가 있다. 다시 말하면 백스윙은 수평 운동으로 시작해서 수직 운동으로 옮기는 것이 바람직한 원운동인 것이다.

백스윙 정점에서 타이밍 맞춰라

어떤'운동도 몸을 움직이는 동작에는 균형이 잡혀 있어야 한다고 강조하지만, 이것은 티이밍과 리듬이 맞았을 때 이뤄지는 결과인 것이다.

골프에서도 균형잡힌 스윙은 절대적으로 필요하다. 그러나 타이밍이다 리듬이다 하는 것에는 일정하게 정해진 기준은 없다. 다만 회전 운동을 저해하는 일은 없어야 한다는 기본만 지키면 된다. 그렇지 않으면 공을 맞히기도 전에 미스샷이 예고된 스윙이 되고 만다. 스윙의 균형을 유지하기 위해 스탠스의 안정성도 강조하게 되고 타이밍도 따지게 된다.

아무리 스탠스가 튼튼해도 몸의 회전을 억제하는 원인이 되는 몸 동작을 해서는 안 된다. '균형은 타이밍과 리듬의 결과'라고 하지만, 스윙은 빠르지도 그렇다고 느리지도 않는 부드러우면서도 물이 흐르듯 막힘이 없는 것이어야 한다.

어떤 일이 있어도 타이밍과 리듬을 죽이는 요소가 있어서는 안 된다. 스윙의 리듬이란 스윙에 필요한 몸 각 부분의 근육을 원활하게 움직이게 하는 흐름이고 그 구체적인 성패는 백스윙의 정점(Top of Swing)에서 판가름난다. 톱 오브 스윙에서 한숨 돌리라는 것도 효과적으로 타이밍을 잡기 위해서고, 스윙의 리듬에 절대적으로 필요한 일종의 싱코페이션(Syncopation)인 셈이다. 이 싱코페이션은 다운스윙 때 자칫하면 잃어버리기 쉬운 힘의 낭비를 막아 주는 역할을 하고, 공을 맞히는 순간 클럽 헤드의 스피드를 가속시키는 원동력이 되기도 한다.

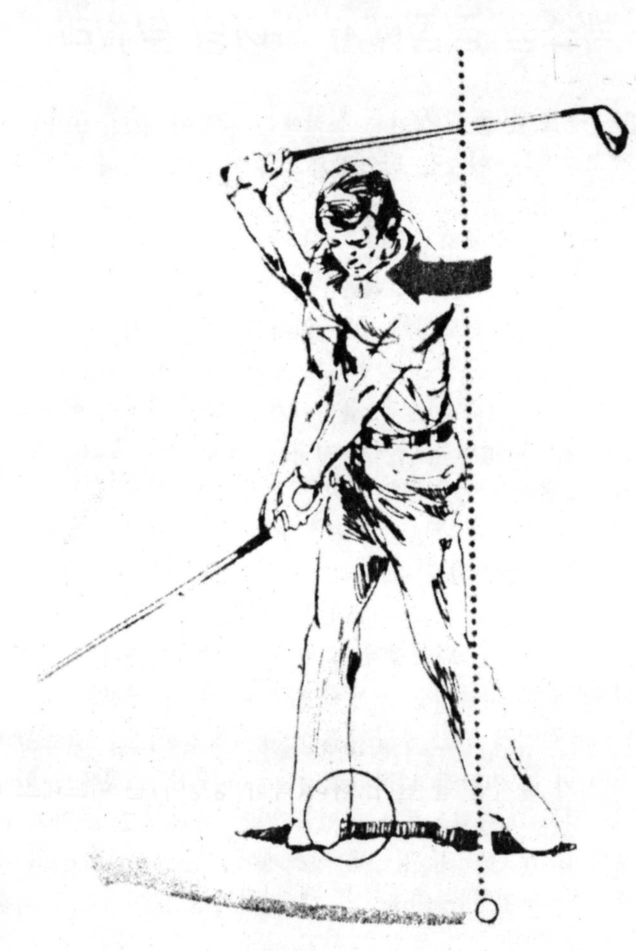

허리 움직임 없는 체중 이동 때 굿샷

　체중 이동은 스윙에서 빼놓을 수 없는 절대불가결의 요소다. 공을 보다 멀리, 보다 정확히 보내기 위해서는 이 체중 이동은 어깨의 회전과 함께 절대적인 역할을 한다.

　어드레스 때 좌우 양쪽에 균등하게 걸려 있는 체중이 백스윙 때는 오른발로 옮겨가야 하지만 그것을 의식할 필요는 없다. 골프의 모든 동작이 자연스러워야 하듯 체중도 의식적으로 옮길 필요는 없다. 백스윙이 자연스럽게 이뤄지기 위해서는 어드레스 때 양쪽 무릎을 약간 안쪽으로 조여야 한다.

　이 상태에서 백스윙을 진행함에 따라 오른쪽 무릎은 그대로 두고 왼쪽 무릎은 관절이 꺾인 방향대로 옮겨가게 되어, 백스윙의 정점(Top of Swing)에서는 오른쪽 발에 제법 많은 압박감을 느끼게 된다. 그 압박감은 특히 오른발 안쪽에 집중하게 된다. 체중 이동이란 백스윙이 끝날 무렵 오른발 안쪽에 느껴지는 압박감을 말한다. 이렇게 옮겨지는 체중 이동은 특별히 의식하기 때문이 아니라 오른쪽 무릎을 고정시키고 어깨를 충분히 돌리면 자연히 그렇게 되는 것뿐이다. 그런 것을 의식적으로 옮기려고 하면 허리가 목표선 뒤로 빠지게 된다. 아무리 체중 이동이 잘 돼도 허리가 빠지면 안 된다. 허리(특히 엉덩이)는 어드레스 때의 자세를 그대로 유지한 채 돌아가지 않으면 안 된다.

　다시 한번 강조하지만 스윙의 모든 동작은 자연스러워야 한다. 백스윙 때 체중을 오른발로 옮긴다는 생각마저도 해서는 안 되고, 어깨를 충분히 돌리는 것만을 생각하면 된다.

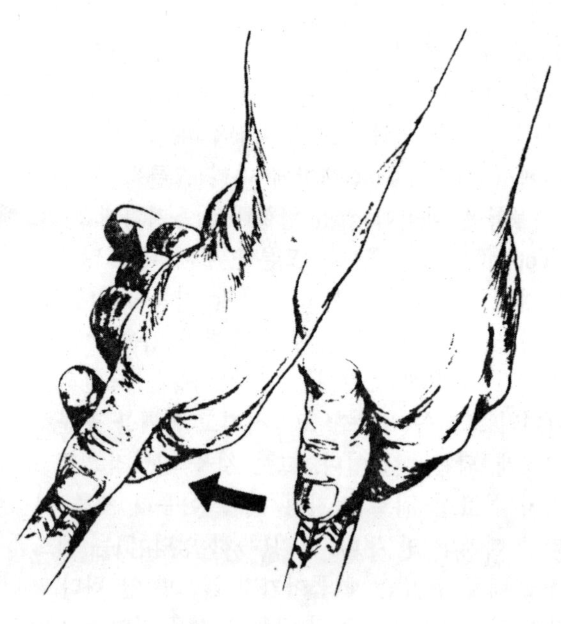

왼손등은 끝까지 목표물과 직각을

백스윙만 바로 하면 다운스윙은 걱정할 필요가 없다. 그것은 클럽은 올라간 길을 따라 내려온다는 원운동의 속성 때문이다.

백스윙을 잘못하는 데는 여러 가지 원인이 있지만, 그 중 대표적인 것이 왼쪽 손을 잘못 쓰는 경우다. 어드레스 때 왼손의 등은 목표를 정면으로 마주보고 있어야 하고 스윙 도중에도 이 방향은 그대로 유지돼야 한다. 손등의 방향이 바뀌면 클럽 페이스의 방향도 바뀌게 되어 직각의 원리를 살린 백스윙이 불가능해진다. 가장 많은 것이 손목을 오른쪽(시계 바늘 방향)으로 돌리면서 클럽을 들어올리기 때문에 클럽 페이스가 열리는 잘못이다. 이렇게 백스윙 때 열린 클럽 페이스를 다운스윙 때 다시 직각(Square)으로 돌아오게 하는 것은 여간 어려운 일이 아니다. 초보자에게 슬라이스가 많은 것도 이 때문이다.

클럽 페이스를 직각이 되게 하는 방법은 한 가지밖에 없다. 그것은 손목을 엄지손가락 쪽으로 꺾는 것(Cocking)뿐이다. 손목이 손등 쪽으로 꺾이면 클럽 페이스는 열리게 되고, 반대로 손바닥 쪽으로 꺾이면 클럽 페이스는 엎어지게 된다.

어드레스 때 왼팔과 왼손의 등이 같은 평면상에 있으면 클럽 페이스는 끝까지 직각을 유지할 수가 있다. 손목이 잘못 꺾이는 것을 방지하기 위해서는 왼손 새끼손가락을 꼭 누른 채 손등이 아래로 돌아가는 것처럼 백스윙을 하면 된다지만, 이것은 어디까지나 느낌만 그렇다는 것뿐이지 실제로 손등이 아래로 돌아가서는 안 된다.

'플레이어는 모든 사람을 위하여 신속히 플레이하여야 한다.' 이것은 골프 규칙 제1장(에티켓) 다른 플레이어에 대한 배려라는 항목에 나오는 말이다. 슬로 플레이(Slow Play)……. 한 마디로 말해서 골프 공해로 지목된 지 오래다. 우리나라뿐만 아니라 골프 선진국에서도 느린 플레이는 여간 골칫거리가 아니다. 골프가 대중화될수록 그 심각성은 더해만 간다.

주거 환경의 개선과 의료 시술의 발달로 인간의 수명이 늘어남에 따라 슬로 플레이의 양상은 심각해진다. 골프 인구가 많은 나라일수록 슬로 플레이에 대한 대책 마련에 골머리를 앓고 있다. 궁여지책으로 짜낸 묘안이 시간 제한이다. 골프는 원래 시간 제한을 받는 경기는 아니다. 아무리 전통을 살리고 싶어도 현실을 무시할 수는 없다. LA시가 마련한 강경책(?)이란 9홀을 2시간 15분, 18홀을 4시간 30분 안에 끝내야 한다고 못박았다(보통 앞이 막히지만 않으면 4시간이면 충분하다). 부킹 시간에 맞춰 출발하면 코스 여러 곳에 레인저(Ranger)라는 감시원을 배치해 놓고 시간을 체크한다.

슬로 플레이에 대한 대책은 프로 골프계에도 파급되어 1987년 USGA는 타석에 들어선 플레이가 45초 안에 타구하지 않으면 2벌점의 벌타를 가하는 제도를 도입했고, USPGA는 두번째 경고부터 벌타 2점과 벌금 1천불을 부과하는 제도를 신설하기에 이르렀다.

슬로 플레이…… 기술의 향상보다도, 일반 규칙을 지키기보다도 먼저 알고 실행해서 추방해야 할 만인의 공해임을 우리는 알아야 할 것이다.

다운스윙

Downswing

다운스윙 때 허리는 왼쪽 수평 이동

초보자의 고민은 공을 바로 맞히지 못하는 데 있고, 그 단계가 지나면 공이 똑바로 가지 않는 것이 골칫거리다. 그러다 어느 정도의 수준에 도달하면 이번에는 생각만큼 거리가 나지 않는 것이 가장 무거운 짐이 된다.

이런 모든 고민은 스윙을 바로 하지 못하는 데서 비롯된다. 공을 '보다 멀리' 보낼 수 있는 스윙은 다운스윙 때 오른쪽 허리가 깊이 들어가지 않으면 안 된다. 그렇게 하기 위해서는 무엇보다도 다운스윙이 시작하면 허리를 왼쪽으로 수평 이동시키는 것부터 배워야 한다. 이를 위한 요령이 오른쪽 엉덩이로 왼쪽 엉덩이를 미는 것이다. 그렇지만 머리까지 왼쪽으로 따라가면 모처럼 저축한 힘을 줄이는 결과가 되기 때문에, 공을 맞히는 순간 오히려 오른쪽 발끝을 본다는 기분이면 머리가 왼쪽으로 따라가는 것(Sway)은 막을 수 있다.

오른쪽 허리를 보다 쉽게 넣을 수 있는 요령은 백스윙의 정점(Top of Swing)에서 어깨와 그립을 잡은 두 손 사이에 이뤄진 삼각형이 무너지지 않도록 하는 것이다. 이 모양이 공을 맞히는 순간(Impact)까지 지속되면 오른쪽 허리는 쉽게 들어가게 된다. 이때 가장 주의해야 할 것은 톱 오브 스윙에서 꺾었던 손목(Cocking)이 빨리 풀어지지 않아야 한다.

꺾였던 손목은 적어도 허리 높이까지 내려올 때까지는 그대로(꺾인 채) 유지돼야 하는 것이 이상적이다. 이것을 가능케 하는 것이 유연한 허리의 왼쪽으로의 수평 이동(결과적으로는 체중 이동이지만)인 것이다.

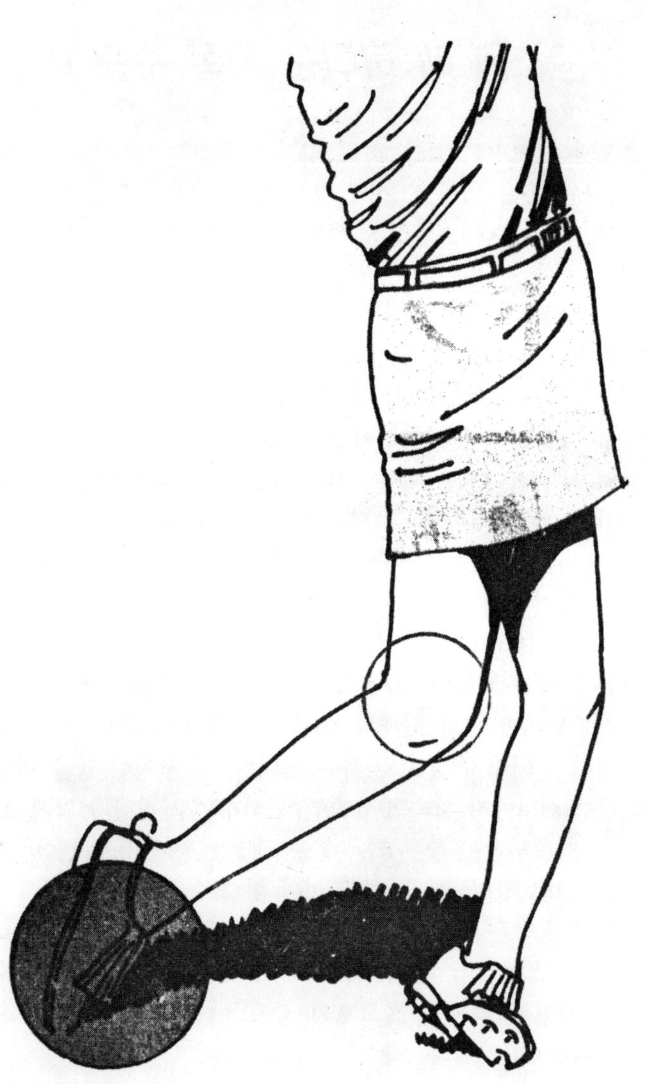

오른발 무릎으로 땅을 차듯이

어떻게 하면 드라이버샷의 거리를 늘릴 수 있을까. 이것은 모든 골퍼의 열망일 뿐 아니라 평생을 통한 숙명적인 과제다. 물론 장타를 위한 여러 가지 방법과 요령이 있지만 거리를 내는 비결 중에 오른쪽 발과 오른쪽 무릎을 쓰는 방법이 있다.

공을 멀리 보내는 간단한 원리는 공을 힘 있게 맞히면 된다. 이를 위해서는 다운스윙 때 오른쪽에서 왼쪽으로 내려오는 힘(클럽 헤드의 스피드)을 되도록 강하게 해서 그것을 공을 맞히는 순간 몽땅 쏟아부어야 한다. 이 힘을 키우기 위해서는 오른쪽 발목과 오른쪽 무릎을 유효적절하게 쓸 줄 알아야 한다. 가령 다운스윙 때 오른쪽 발을 땅에 붙인 채 공을 때린다고 상상해 보자. 그러면 당연히 오른발 엄지발가락으로 땅을 힘 있게 차주는 동작 하나가 없어지게 될 것이다. 결국 오른발의 기능을 죽여 버리게 되어 클럽 헤드의 속도를 가속시키지 못하게 된다.

임팩트 순간 클럽 헤드의 속도가 빠를수록 공은 멀리 날아간다. 이를 위해서는 오른발 엄지발가락으로 땅을 힘 있게 차주는 효과를 이용하지 않으면 안 된다. 오른쪽 무릎의 기능과 역할도 오른발 엄지발가락으로 땅을 차주는 이치와 똑같다. 다운스윙 때 오른쪽 무릎이 앞(정면)으로 나가면 몸이 제대로 돌아가지 않아 오른발 엄지발가락을 차줄 수 없다.

오른쪽 무릎을 활용하기 위해서는 백스윙 때 오른쪽 무릎이 바깥쪽으로 밀려 나가지 않게 해서 톱 오브 스윙 때 힘을 저축하는 원천이 되어야 한다. 그래야 폴로스루도 커지고 타구 거리도 늘어난다.

다운스윙 중심 이동은 공을 던지듯

  골프가 어려운 것은 역시 스윙이 어렵기 때문이지만, 스윙의 어느 부분이 어렵단 말인가. 스윙이라는 동작 중에서 뭐니뭐니 해도 백스윙에서 다운스윙으로 옮겨지는 순간이 가장 어려운 것이다. 순간의 선택이 일생을 좌우한다는 말처럼, 이 순간이 잘못되면 모처럼의 백스윙도 다운스윙으로 이어지는 반환점이 잘못되면서 공을 정확하게 맞히지 못하게 된다. 왜 반환점의 동작이 어려운가 하면, 밖으로 나가는 동작(Backswing)과 안으로 들어오는 동작(Downswing)에서 몸을 쓰는 방법이 다르기 때문이다.
  백스윙은 어깨와 두 팔이 움직이면서 상체를 비틀고 여기에 허리와 무릎이 따라가는 동작이지만, 다운스윙은 왼쪽 무릎을 왼쪽으로 내보내는 것부터 시작하는 동작이다. 이 동작은 공을 멀리 던질 때와 같은 것이다. 공을 던질 때는 발을 내딛고 나서 팔을 휘두르지만, 공을 칠 때에는 아무래도 상체가 엎어지면서 오른손으로 때리게 되는 것이 본능적인 동작이다. 그러면 클럽 헤드는 목표선 밖에서 안으로 들어오는 궤도(Outside-to-In)가 되어 공은 깎여 맞게 된다. 그렇기 때문에 정상적인 골프 스윙은 다운스윙 때 왼발을 내딛는 것처럼 체중(중심축)을 오른발에서 왼발로 옮겨놓는 것부터 시작해야 된다.
  스윙은 마치 공을 던질 때의 요령처럼 중심축을 왼쪽으로 옮기고 클럽을 좌반신으로 끌어내려야 한다. 그러면 클럽 헤드는 자연히 목표선 안쪽에서 내려와 밖으로 내던지는 스윙 궤도(Inside-to-Out)가 되는 것이다.

다운스윙도 클럽 헤드는 원궤적을

거리가 나면서도 휘지 않는 공……. 여기에 백스핀까지 곁들인다면 골퍼로선 더 바랄 것이 없다. 타구 거리를 내는 방법도, 휘지 않는 공을 치는 요령도, 또 백스핀이 걸리는 타법의 비결도 없는 것은 아니다. 수없이 쏟아지는 이론과 원리들……. 골프 이론이란 말하기는 쉬워도 실행하기 어려운 것들뿐이다. 그렇지만 원을 그리는 스윙을 자연스럽게 할 수 있으면 그것이 곧 모든 어려움을 해결해 준다.

프로, 아마추어를 불문하고 수준급 골퍼의 아이언샷은, 손바닥만한 잔디를 떠내면서 날아간 공이 그린 위에 떨어지면 그 자리에 멎어 버리는 환상의 타구를 자랑한다. 이것은 틀림없는 나이스샷이다. 이를 본 아마추어 골퍼는 아이언 클럽을 잡으면 처음부터 잔디를 떠내겠다는 의식이 필요 이상으로 작용해서 공 뒤를 때리는 뒤땅치기(Duffing)가 되고 만다. 이런 미스샷은 다운스윙 때 위에서 아래로 찍어내리는 생각이 지나칠 때 일어난다. 스윙이란 어떤 클럽을 잡아도 크고 작은 원운동이 반드시 이뤄져야 한다.

원은 둥근 것이다. 그것을 위에서 아래로 찍어 내리면 그 원은 둥근 것이 못 되고 모가 난 원이 되고 만다. 스윙이 원운동인 이상 다운스윙 때 내려오는 클럽 헤드는 둥근 원을 그리는 것이 자연스러운 동작이다. 잔디를 떠내는 선망의 타구는 클럽을 힘있게 던질 때 생기는 결과에 불과하고 그 자체가 스윙의 목적은 아니다. 그래서 스윙의 종점은 임팩트(공을 맞히는 순간)가 아니라 피니시라고 하는 것이다.

슬럼프 땐 의식적으로 팔을 펴서 스윙

그날의 컨디션에 따라 타구 감각은 많이 달라진다. 골퍼라면 이런 경험은 누구에게나 있을 것이다. 골프 자체가 예민한 게임이어서 (때로는 신경마저 건드릴 정도로) 아주 작은 동기가 별안간 타구 감각을 무디게 하는 때도 있다. 이런 컨디션의 부조가 오래 계속되면 흔히 말하는 슬럼프에 빠지게 된다. 이때 필요한 것이 자가 진단 능력이다. 남의 지도나 도움을 받아 컨디션을 회복하는 것도 바람직하지만, 스스로 자신의 결점을 찾아내서 교정하는 능력은 골프 기술 못지않게 필요하고 중요한 일이다.

갑자기 타구가 나빠졌을 때 이것을 바로 잡는 간단한 방법은 팔을 펴서 클럽을 던져주면 된다. 백스윙 때 왼팔을 펴고 공을 맞히고 나서는(폴로스루) 오른팔을 뻗어준다. 물론 이 같은 동작은 스윙하는 동안 무의식적으로 이뤄져야 하는 것이지만, 그것이 제대로 되지 않을 때에는 의식적으로라도 팔을 펴 줘야 한다. 드디어 팔을 뻗어야겠다는 생각이 스윙의 타이밍과 리듬을 되찾게 하는 계기가 된다. 이것(팔을 펴는 것)만으로도 잃었던 스윙 감각을 되찾을 수 있으니 얼마나 골프가 예민한 운동인가를 알 수 있다.

컨디션이 나쁘면 누구나 스윙이 빨라지게 된다. 아무리 스윙을 천천히 하려고 해도 그것조차 간단하게 되지 않는다. 그런 것이 팔을 펴야겠다고 생각하면 잊어버렸던 본래의 타이밍이 아주 자연스럽게 찾아온다. 그래서 골프란 알다가도 모를 운동이라고 하지 않았던가……

골프채의 개수를 하필이면 어정쩡하게 14개로 제한하게 된 연유를 아는 사람은 많지 않을 것이다. 원래 골프 게임은 사람의 능력, 즉 골퍼의 기술적 숙련에 의해서 자연과 싸워 이기는 데 그 가치가 인정돼 왔는데, 지금은 사용하는 기구(골프채와 공)의 힘에 의해서 기록이 깨지는 기계 문명의 혜택을 톡톡이 보고 있는 세계에 살고 있다. 옛날은 클럽의 종류가 많지 않아서 하나의 클럽을 여러 가지 스윙으로 거리와 구질을 조절했지만, 미국에서 스틸 샤프트가 발명되면서 골프채의 대량 생산이 가능하게 됐고, 더욱이 클럽 메이커의 과대 경쟁으로 클럽 종류가 무제한으로 늘어나게 됐다.

이에 대해 흥미 있는 에피소드 하나가 있다. 1934년 영국 아마추어 선수권 대회에서 우승한 미국의 로손 리틀 선수는 대형 골프백 속에 23개의 클럽을 넣고 출전했다. 그래서 리틀의 캐디는 정상 요금 외에 추가 요금을 청구하는 소동이 벌어졌다. 이 사건이 있은 후 클럽의 수를 제한해야 한다는 여론이 드높아, 1938년 영국의 규칙위원회(R&A)에서는 클럽을 14개로 제한하는 새로운 규칙이 탄생됐다. 이것은 날로 팽창하는 미국의 상업주의에 대한 영국의 제동이기도 했지만, 무제한으로 내버려두면 필요한 만큼의 클럽을 사용해서 추가 캐디 요금쯤 대수롭지 않게 지불할 수 있는 재력 있는 플레이어만이 좋은 스코어를 내면서 골프를 즐길 수 있게 된다.

골프란 싼값으로 누구나 할 수 있고 즐길 수 있어야 하며, 더욱이 누구나 노력에 의해서 기술을 향상시키면 돈이 없어도 승자가 될 수 있는 스포츠로 정착하지 않으면 안 된다. 이것이 곧 골프의 대중화요 국민 스포츠로 가는 지름길이다. 골프 클럽의 무제한 휴대가 허용됐던 1930년대에 미국의 프로 골퍼들은 해리 쿠퍼의 27개를 비롯해서 지미 톰슨의 26개, 월터 헤겐의 25개, 토미 아머의 24개가 기록으로 남아 있고, 일반 골퍼도 많을 때는 20개 정도를 휴대했다 하니 놀라운 일이다. 무거운 백 밑에 깔려 있는 캐디에게 아이언 25번을 주문하는 무정한 플레이어의 모습을 상상해 보자.

피니시
Finish

스윙의 성패는 임팩트에 달려 있다

임팩트…… 너무나 많이 들어온 말이기에 쉽게 알 것 같으면서도 사실은 정확하게 이해하지 못하고 있는 말, 이것이 임팩트(Impact)다. 임팩트란 클럽 헤드로 공을 맞히는 순간의 상태를 말한다. 말의 본뜻대로 해석한다면 공을 맞힌다기보다는 오히려 공과 클럽 헤드에 충격을 줄 수 있는 때린다는 쪽의 표현이 옳을 것이다. 어쨌든 골프 스윙은 이 임팩트를 위해서 존재하고 임팩트 여하에 따라 구질이 결정되기도 한다. 나이스샷도 미스샷도 모두 임팩트로 결판난다는 말이다. 흔히 임팩트는 어드레스 위치로 돌아와야 정확한 타구로 연결된다고 한다.

그래서 공을 맞히는 순간 하반신은 어드레스 때의 위치에서 정지하고 두 팔의 3각형도 어드레스 때의 모양 그대로 유지되는 것이 가장 이상적이다. 더욱이 중요한 것은 두 어깨다. 두 어깨는 목표선과 평행으로 멎어 있어야 한다. 이때 왼쪽 어깨가 뒤로 빠지면 클럽도 몸 쪽으로 당겨져서 슬라이스의 원인이 된다. 이것이 '직각의 원리'이고 스윙의 기본형이다.

임팩트 때 필요한 기본 요점을 살펴보면 ① 왼쪽 벽을 쌓아야 하고, ② 머리는 원위치에 있어야 하고, ③ 두 팔의 3각형은 무너지지 않아야 한다. 또 ④ 두 어깨는 목표선과 평행이 돼야 하고, ⑤ 허리가 빠져도 열려 있어도 안 되며, ⑥ 클럽 페이스는 정확하게 목표선과 직각이 돼야 한다. 이것을 빠짐없이 지킬 때 '보다 멀리, 보다 정확하게' 공을 보낼 수 있는 스윙을 하게 되는 것이다. 어느 한 가지라도 이 요구 조건에서 어긋나면 그것은 바로 미스샷으로 이어진다는 것을 알아야 한다.

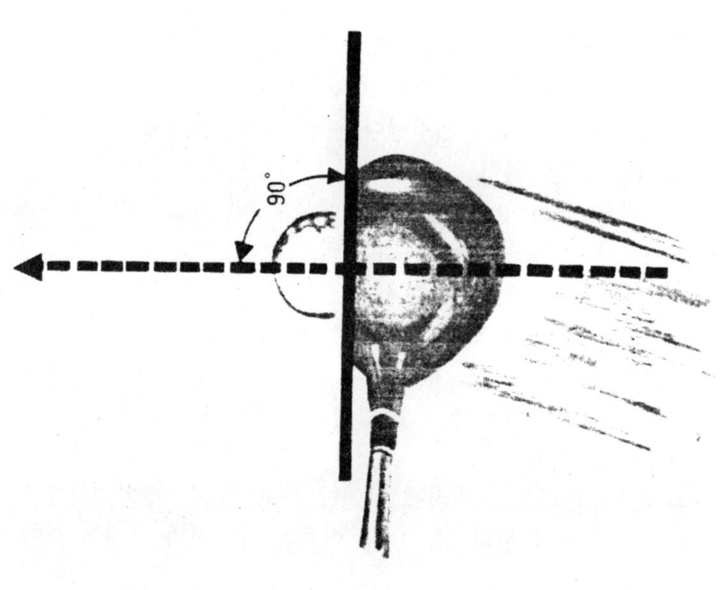
90°

클럽 페이스는 목표와 직각돼야

14개의 골프채(규칙상 제한된 숫자가 그렇다는 것이지 실제 종류는 더 많다)는 공이 놓여진 상황에 따라 타법과 구질에 맞게 임의로 선택해서 사용할 수 있다. 그때마다 스윙은 다른 것이라고 (또는 다를 것이라고) 생각하기 쉽다. 사실 드라이버는 티 위에 올려놓은 공을 치기 때문에 다른 클럽과는 외형상 스윙이 약간 다른 것은 사실이다. 극단적인 예로 벙커샷처럼 직접 공을 때리지 않고 공 뒤 모래를 치는 경우와 처음부터 공을 굴리는 퍼팅의 경우는 상반된 특수 타법처럼 생각될 것이다.

그러나 여기서 착각해서는 안 되는 것은, 골프 스윙은 어떤 경우에도 한 가지뿐이라는 사실이다. 즉 스윙의 크기와 스타일은 달라도 원칙과 원리는 한 가치만 있을 뿐이다. 드라이버와 스푼(우드 3번) 사이에는 상황의 차이는 있어도 스윙 그 자체는 같다. 아니, 같지 않으면 안 된다. 이것을 사람을 중심으로 생각해 보면 아놀드 파머의 스윙과 잭 니클로스의 스윙은 전혀 다른 것처럼 보인다.

유명 프로 골퍼뿐만 아니라 사람의 얼굴이 다른 것처럼 스윙도 각각 다르게 보인다. 같은 스승에게서 배워도 그리고 똑 같은 클럽을 사용해도 사람마다 어딘가 스윙은 다를 수밖에 없지만 기본과 원리만은 같은 것이다. 아무리 스윙은 개성을 강조해도 한 가지만은 공통점이 있다. 그것은 공을 맞히는 순간의 클럽 페이스와 공과의 관계다. 흔히 말하는 임팩트다. 즉 클럽 페이스가 정확하게 목표와 직각인 상태에서 공을 맞혀야 공은 휘지 않고 멀리 날아간다는 사실이다.

타구를 너무 의식하면 스윙 폼 깨진다

프로 골퍼는 스코어와 관계 없이 1등만 하면 우승 상금을 타게 된다. 큰 대회가 열릴 때마다 관심의 대상이 되는 것은 누가 1등을 하느냐가 아니라 어떤 스코어를 내는가에 쏠리게 된다. 이것이 아마추어 골퍼가 프로 골프계를 바라보는 시각이다.

정식 경기에서 1라운드의 가장 적은 타구(Lowest Score)는 1977년 멤피스 클래식에서 미국의 얼 가이버거가 세운 59타다. 파 72의 코스에서 59라니, 13언더파……. 참으로 놀랄 수밖에 없는 신기에 가까운 스코어다.

이런 대기록을 낼 수 있는 골퍼의 스윙은 물이 흐르듯 전혀 무리 없는 동작을 하는 것이 특징이다. 어느 한 구석 막히는 데가 없고 또 있어서도 안 된다. 이것은 결과만 보고 말하면 공을 때린다는 생각을 버리고 오직 클럽을 휘두르는 것에만 전념하기 때문에 천하일품의 스윙을 할 수 있고 세계 기록 수립이 가능한 것이다. 이것이야말로 '마음을 비운 산 표본'이다.

욕심을 버리고 클럽만을 휘두른다고 생각하면 오히려 클럽 헤드의 속도가 빠른 상태에서 공을 맞힐 수 있다. 그러나 공을 때리는 순간 힘을 넣으면 그 힘에 대항하는 반작용의 힘이 생기게 된다. 그러면 스윙에 제동이 걸리게 된다는 말이다.

이것은 어디까지나 공을 때리느냐 클럽을 휘두르느냐 하는 의식의 문제이지만, 어느 쪽 생각으로 임팩트를 맞이하는가에 따라 결과는 크게 달라진다. 공을 때린다는 의식이 강하면 공을 어느 한 점에서 맞혀야 하지만, 클럽을 휘둘러서 그 궤도상에서 공을 맞히면 점이 아닌 선 위에서 맞히게 된다.

평면에서 평면으로 이어지는 골프가 아마추어의 세계라면, 점에서 점으로 이어가는 공격 루트와 기량은 프로의 세계다.

연습 때도 폴로스루를 철저히 하라

어드레스를 하고 나면 드디어 공을 치기 위한 '스윙'이 시작된다. 스윙 동작을 크게 나누면 백스윙과 다운스윙 두 가지로 구별할 수 있다. 백스윙을 테이크백이라고도 하지만, 엄밀히 말하면 이것은 백스윙이 시작되는 초기 단계를 이르는 말이다. 그러나 실제의 스윙은 클럽이 움직이기 전에 왼쪽 허리 엉치가 움직이는 것을 느껴야 바른 스윙을 할 수 있다. 백스윙이 시작되면 이것저것 생각할 여유 없이 그대로 클럽 헤드를 들어올리고, 스윙의 정점에 이르면 그대로 끌어내리면 된다. 다운스윙은 체중이동과 동시에 클럽 헤드의 무게를 느끼면서 시작돼야 타이밍이 맞아들어간다. 물론 이 연속된 동작은 자기 나름의 리듬이나 템포가 일정해야 한다. 백스윙에서 가장 중요한 것은 클럽은 올라간 길을 따라 내려온다는 운동법칙을 이해하는 일이다.

클럽 헤드가 움직이는 길(Swing Path)에 대해 여러 가지 표현이 있지만, 가장 바람직한 것은 공과 목표선에 대해 직각으로 들었다 직각으로 내려오는 것(Square to Square)만큼 정확한 것은 없다. 공을 맞히는 순간 클럽 헤드가 공과 직각을 이루면 우선 공은 똑바로 맞아 나간다. 간혹 프로 골퍼 중에는 백스윙이 끝나는 정점에서 클럽 헤드가 8자를 그리는 도리깨질 스윙(Loop Swing)을 하는 사람도 있지만, 이것은 각고의 노력 끝에 얻어진 결과이기 때문에 아마추어 골퍼가 흉내낼 수 없는 독특한 스윙 스타일임을 알아야 한다. 스윙 폼은 보잘 것 없어도 리듬만 맞으면 어느 정도 공은 맞아 나간다. 이때 중요한 것은 골프채를 마지막까지 던져주는 것(Follow-Through)이다. 연습도 이 점을 고려해서 행해져야지 아무 목적 없이 연습공을 친다면 그것은 단순한 노동(?)이지 스윙을 익히기 위한 연습은 아니다.

뜻대로 안 될 땐 피니시만 생각하라

　무엇을 연습하는지도 모르면서 연습공을 열심히 치는 사람이 많다. 그래서 그런지 그런 사람일수록 골프는 늘지 않는다고 푸념이 대단하다. 목표가 없는 연습은 마치 목적지도 시간 제한도 없이 마음 내키는 대로 거니는 산책과도 같은 것이다. 골프 코스는 홀마다 종착지에 해당되는 그린이 있고, 여기에는 깃대가 꽂혀 있어 목적지임을 알려 주고 있다. 뿐만 아니라 플레이 중에도 타구마다 나름대로의 목표가 있어야 한다.

　티샷은 페어웨이가 목표이고, 제2타에서는 그린이, 어프로치 샷은 핀(Pin)이, 그리고 퍼팅은 두말할 것도 없이 홀컵이 목표가 된다. 이렇게 해서 목표를 향해 공을 날라 주는 경기가 바로 골프이다. 누구나 타석에 들어서면 목표를 향해 힘차게 스윙을 하지만, 대부분의 경우 목표와는 달리 엉뚱한 방향으로 공이 날아간다. 말하자면 미스샷이 난 것이다. 물론 아직도 스윙이 제자리를 잡지 못한 탓이다.

　미스샷이 난다고 플레이 도중에 스윙을 교정해서는 안 된다. 라운딩 중엔 그런 시간적 여유가 없기 때문이다. 골프는 타구의 결과가 잠시 후에는 명확하게 나타나기 때문에, 일반 아마추어 골퍼가 미스샷이 날 때마다 스윙을 교정하려는 심정은 이해가 간다. 스윙 궤도가 잘못 되고 체중 이동이 제대로 되지 않았기 때문이라는, 이런 시행 착오가 되풀이되는 사이에 어느 새 18홀의 플레이는 끝이 나고 만다.

　그러나 단 한 가지 방법은 있다. 평소처럼 공이 잘 맞지 않으면 피니시만을 생각하라. 그러면 많은 효과가 있을 것이다.

피니시 동작은 클럽 헤드를 던지듯

　백스윙은 어깨를 돌려 주기 위해서지만, 이때 꼭 필요한 것은 허리와 무릎의 도움 동작이다. 백스윙의 정점(Top of Swing)에서 어깨는 완전히 돌아가기 때문에 이로 인해 허리도 제법 돌아가고 왼쪽 무릎도 돌아가게 된다. 그러나 백스윙이 시작되고 그립을 잡은 두 손이 허리 높이까지 올라올 때까지는 허리와 무릎은 아직 크게 움직이지는 않을 것이다.

　스윙은 크나 작으나 같다고 했다. 그렇기 때문에 숏어프로치 샷의 스윙의 정점은 풀스윙 때의 백스윙을 중간에서 멈춘 것과 같다고 생각하면 된다. 어프로치샷이나 풀샷은 스윙의 크기만 다를 뿐 나머지는 똑같은 것이다. 어깨와 두 팔 사이에 만들어진 삼각형이 스윙 도중에 무너지지 않고 끝까지 왼손의 리드로 스윙하는 것도 풀스윙 때와 같다.

　스윙이 크나 작으나 실제로는 오른손도 쓰게 되지만, 왼손이 스윙을 리드한다는 감각도 풀스윙 때와 다르지 않다. 이와 반대로 숏어프로치샷의 폴로스루(물론 작긴 하지만)를 그대로 크게 하면 풀스윙의 피니시가 된다. 아무리 스윙은 작아도 어깨와 두 팔 사이의 삼각을 그대로 둔 채 왼손의 리드로 끝까지 클럽 헤드를 던져주는(Swing Through) 피니시가 있어야 한다는 말이다. 절대로 오른손을 의식적으로 쓰거나 힘으로 공을 때려서는 안 된다. 결과적으로는 오른손으로 공을 때리고 있으면서도 그것은 어디까지나 클럽을 던지는 과정에서 생기는 결과라고 접어 둬야 할 것이다.

가상의 왼쪽 벽까지만 체중 이동

왼쪽 벽을 쌓아라……. 자주 듣는 말이다. 이것은 공을 맞히는 순간(Impact) 좌반신이 멈추면서 (이때 무릎이 펴지면 안 된다) 그 이상 체중이 왼쪽으로 달아나는 것을 막아주는 역할을 한다. 체중이 왼발에 실리면 몸의 균형이 무너지지 않아 임팩트 때 왼손을 제대로 (정상 궤도로) 던져줄 수 있는 징검다리 역할을 하게 된다.

어느 클럽으로도 스윙이 크고 작은 것에 관계 없이 항상 일정한 위치에서 공을 맞히면 타구가 안정되고 방향도 별로 어긋나지 않는다. 또 왼쪽 허리가 뻗어 있지 않으면 공을 맞힐 때 오른손을 비틀게 되어 방향이 갈 길을 잃는다. 흔히 말하는 왼쪽 벽이라는 '벽'은 개념상의 벽이고 그 의식 속의 벽에 왼쪽 허리를 부딪친다는 느낌을 말한다. 이때 머리는 어드레스 때의 위치에 남아 있어야 하고, 허리는 왼쪽으로 이동해서 전체의 체중이 왼발에 실려 있어야 한다. 이런 자세가 되면 상반신이 왼쪽으로 쏠리지 않아 상반신만의 스윙을 막아 주고 왼쪽에 벽을 쌓는 결과가 되어 폴로스루를 크게 할 수 있다.

다운스윙 때 아래로 끌어내린 두 손은 오른쪽 허리 근처에서부터 공을 맞히는 직접적인 동작에 들어간다. 이때까지는 클럽헤드는 충분히 힘을 저축한 상태에서 임팩트를 맞는다. 물론 손목은 꺾인 채로, 머리도 어드레스 때의 위치에서 조금도 움직이지 않는다. 머리가 움직이면 원운동의 중심축이 움직여서 당연히 미스샷이 되고 만다. 왼쪽 벽을 쌓는 원동력은 왼쪽 무릎을 목표 쪽으로 밀어내는 동작에서 비롯된다는 것을 결코 잊어서는 안 된다.

핀(Pin)은 틀린 말이 아니다

새삼스럽게 말할 필요도 없이 골프는 영어의 스포츠다. 골프와 관계 있는 모든 말들이 영어이기 때문이다. 그것은 골프의 고향이 영국(스코틀랜드)이어서 골프 용어가 영어인 것은 태권도의 공용어가 한국말인 것처럼 지극히 당연한 것이라고 이해할 수도 있을 것이다. 그렇지만 영어를 모른다고 골프를 할 수 없는 것은 물론 아니다. 골프 용어도 가급적 우리말로 옮겨도 좋은 것은 모두 옮겨 쓰고 있다. 그러면서도 때로는 영어도 우리말도 아닌 국적이 다른 영어 같은(?) 말들이 난무하고 있어 우리를 어리둥절하게 만든다. 이와는 반대로 옳게 쓰고 있는 말을 잘못된 말처럼 오도(?)하고 있을 땐 어안이벙벙해진다.

그 대표적인 것이 그린 위에 꽂혀 있는 깃대를 일컫는 '핀(Pin)'이라는 말이다. 골프 규칙 제2장에는 골프 용어에 대한 정의를 명백하게 설명하고 있다. 그러나 이것은 어디까지나 공식 용어일 뿐 골프의 일반 용어까지를 규정하고 있는 것은 아니다. 그런데 항간에는 '핀'이라 쓰면 안 되고 '플랙스틱'으로 써야 한다고 강요(?)하는 개인이나 단체가 있다. 골프 규칙서에 나열한 46개 낱말들은 분명히 골프 규칙을 설명하기 위한 법률상의 용어일 뿐이다. 그러나 영국 (미국도 포함해서) 골퍼가 일반적으로 사용하는 골프 용어 중에는 분명히 '플랙스틱'을 '핀'이라고 쓰고 있다. 그러니 굳이 '핀'은 잘못된 말이라고 못박을 필요까지는 없다.

이렇게 깃대(Flagstick)를 '핀'이라 부르게 된 연유는 다음과 같다. '핀'은 19세기 말 영국에서 만들어진 당시의 신생어다. 그때도 지금처럼 각 홀마다 깃대 위에 천으로 만든 깃발을 달아 홀의 위치를 표시하고 있었다. 무명천(자연섬유)밖에 없었던 그 시절의 깃발이 비바람이 심한 영국 기후에 오래 견딜 수가 없었다. 여기에 고안한 것이 버드나무 가지로 엮은 바구니(Wicker Basket)였다. 이 바구니의 모양이 당시 귀부인들이 모자 위에 꽂았던 장식용 핀과 똑같다고 해서 '핀'이라고 부르게 됐고, 지금은 골프의 일반 용어로 정착하게 된 것이다.

그 후 인조 섬유의 발달로 다시 천으로 만든 깃발을 달게 됐지만, 미국의 명문 코스의 하나인 메리온 GC(1981년 US 오픈이 열렸던 코스)에는 지금도 이 핀 모양의 위커 바스켓을 깃발 대신 사용하고 있으니 전통이 하루 아침에 없어지는 것은 아닌가 보다. 어쨌든 이상이 '핀'이라 부르게 된 연유이고 경과다.

스윙 종합

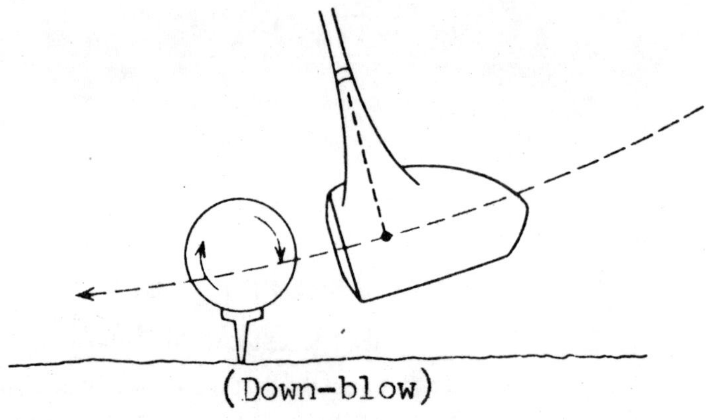

(Down-blow)

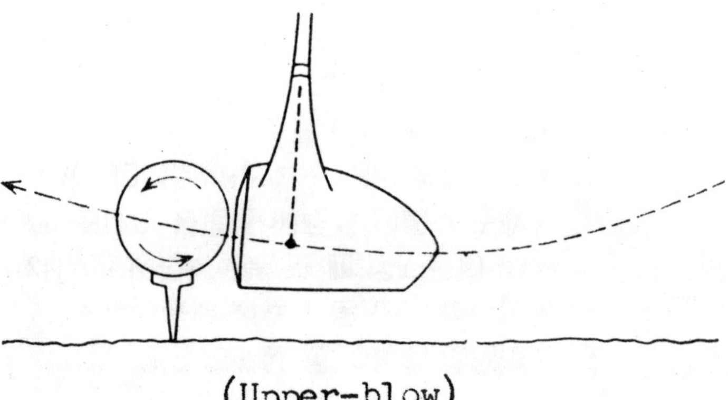

(Upper-blow)

공이 뜰 땐 오른쪽 허리를 낮춰라

일반적으로 아마추어 골퍼의 고민은 공이 뜨지 않아 탈이다. 티 위에 올려놓고 때린 공도 낮게 날아간다. 그런가 하면 지나치게 높이 떠서 고민하는 사람도 있다. 9번 아이언은 물론 드라이버샷까지도 공은 공중으로 솟아올라(Skying Ball) 거리는 짧아지고 바람이라도 부는 날이면 그 결과는 비참하게 나타나고 만다. 이론상 클럽을 박아치면(Down-Blow) 공은 필요 이상으로 공중으로 솟아오른다. 그렇기 때문에 공이 떠서 고민하는 사람은 그 타법에 원인이 있는 것이다. 그러면서도 남달리 거리가 길다면 공이 뜬다고 문제가 되는 것은 아니다.

티 위에 올려놓고 공을 때릴 때 공을 치는 것이 아니라 티를 내려치면 공은 클럽 페이스 위쪽에 맞아 소위 말하는 '덴뿌라'라는 공이 되고 만다. 이것을 공을 맞힐 때의 몸 동작과 결부시켜 설명하면, 공중볼이 나는 사람들은 대부분 공을 맞히고 나서 (임팩트 후) 허리가 수평으로 돌아간다. 이렇게 허리가 수평으로 돌아간다는 것은 지나치게 오른쪽 몸을 써서 클럽을 공 밑으로 박아치기 때문이다.

로프트가 작은 클럽을 사용할 때에는 클럽 헤드가 다운스윙의 최하점을 지나 올라가면서 공을 맞히는 어퍼블로(Upper-Blow)가 돼야 하지만, 그렇다고 결코 긁어 올려치는 것은 아니다. 다만 공을 맞히는 순간 왼쪽 허리가 위로 올라가고 오른쪽 허리는 약간 아래로 처져야 어퍼블로의 타법은 가능해진다. 드라이버샷은 어퍼블로가 이상적이지만, 숏아이언샷에서까지 같은 동작으로 공을 때리면 필요 이상으로 공이 높이 뜨는 원인이 된다.

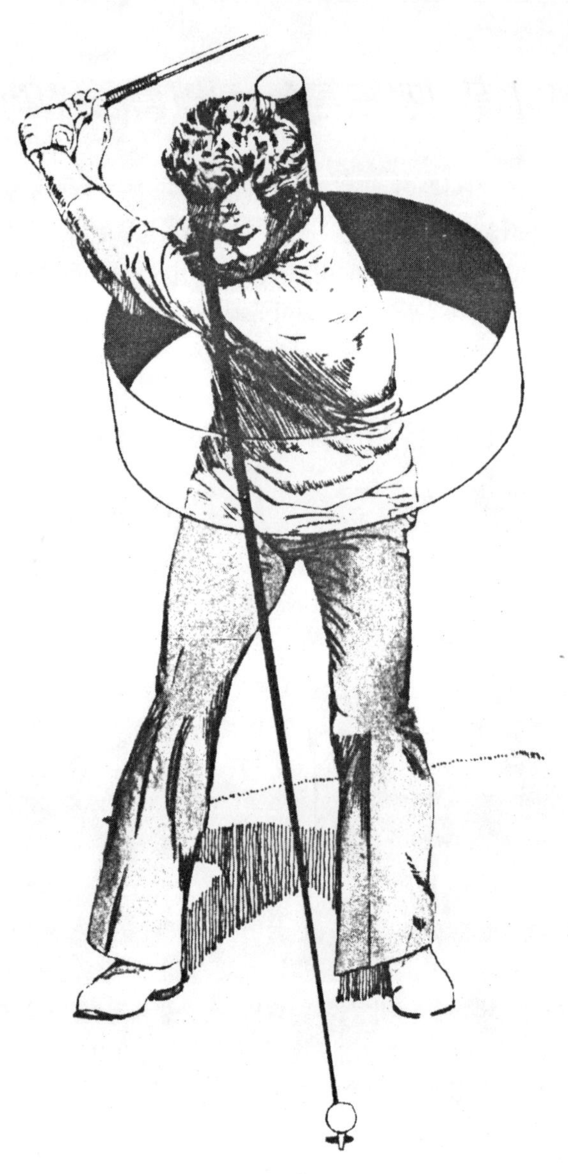

스윙 끝날 때까지 공에서 시선 떼지 말아야

멎어 있는 공을 맞히기 위해 골프채를 휘드르는 것을 스윙(Swing)이라고 한다. 두말할 것도 없이 스윙은 공을 멀리 바르게(Far and Sure) 보내는 것이 목적이다. 이 조건을 충족시키기 위해서는 원운동의 중심축이 있어야 한다는 것은 누구나 알고 있을 것이다. 그런데 중심축을 의식하면서 스윙하는 골퍼는 과연 얼마나 있을까…….

스윙이란 체중 이동을 동반한 원운동이지만, 좌우로 움직이는 스윙 동작 중에서 반드시 어느 한 점만은 움직이지 않아야 완전한 원운동이 가능하다. 이 점이 클럽을 휘두를 때 원심력이 반대 방향으로 집결되는 중심점인 것이다. 여기서 허리까지 이어지는 등뼈가 좌우로 움직이거나 상하로 춤을 추는 스윙은 반드시 미스샷이 되고 만다.

그런데 스윙의 중심축이 흔들리지 않게 하는 것은 눈(시선)이다. 머리나 얼굴이 움직여도 시선만 공에서 떨어지지 않으면 스윙은 잘못 되지 않는다. 흔히 헤드업(Head-up)이라고 하는 것은 날아가는 공을 빨리 보기 위해 눈이 떨어지는 것(Look-up)을 말한다.

드라이버샷에서 퍼팅에 이르기까지 스윙축과 시선은 떼어 놓을 수 없는 동일한 개념 속의 요소다. 바늘 가는 데 실 간다고, 시선이 공에서 떨어지면 스윙축은 반드시 흔들리기 때문에 아무리 자신이 없어 불안해도 스윙이 끝날 때까지는 절대로 시선을 공에서 떼지 않는 습관을 길러야 할 것이다.

느린 스윙 리듬이 아마에겐 유리하다

　스윙이 좋고 나쁜 것과 빠르고 느린 것은 어느 것이나 눈에 보이기 때문에 지적하기도 쉽고 교정도 간단하다. 그러나 스윙을 결정적으로 좌우하는 타이밍이나 리듬은 단순한 감각이 아니라 어떤 방법으로도 설명하기 어려운 요소다. 그래서 어떤 이는 하나 둘 셋(One Two Three)의 구령 같은 리듬에 맞추라 하기도 하고, 영국 사람들은 영국 국가인 '국왕 만세'(God Save The King! 지금은 God Save The Queen이다)의 3박자 리듬으로 타구의 타이밍을 잡기도 했단다. 그렇지만 타이밍이나 리듬은 플레이어 각자의 습관적인 몸 놀림과 방법으로 잡는 것이 가장 이상적이다.

　때로는 음악의 리듬처럼 백스윙은 느리고 다운스윙은 빨리 하는 방법도 있을 것이다. 그 중에서도 가장 바람직한 것은 리듬은 억지로 만들어내지 않은 지극히 자연스러운 것이어야 하며, 그러면서도 항상 일정한 습관적인 동작에•의해서 정확한 자세와 함께 나타나야 하는 것이다. 그러면서도 플레이어의 부담은 전혀 없어야 한다. 아주 느린 스윙을 특기(?)로 삼는 플레이어가 있는가 하면, 빠른 동작이 자연스럽다고 생각하는 사람도 있을 것이다. 그렇지만 공을 맞히는 순간(Impact)의 클럽 헤드의 스피드가 가속되고 정통(직각)으로 공을 맞힐 수 있는 스윙이어야 함은 물론이다.

　그렇다면 연습량이나 체력이 빠른 템포를 따라갈 수 없는 일반 아마추어 골퍼에게는 빠른 동작보다는 느린 템포로 스윙의 리듬을 잡는 쪽이 무리 없이 미스샷을 줄이는 첩경이 될 것이다.

스윙의 빠르기는 사람마다 다르다

아무리 스윙이 엉성해도 타이밍만 맞으면 공은 그럭저럭 맞아 나간다고 했다. 그렇다면 골프 스윙의 타이밍이란 어떤 것일까…….여기서 음악의 리듬과 스윙의 리듬을 생각해 보자. 일반적으로 골프 스윙에는 3가지 유형이 있다. 물이 흐르듯 자연스러운 스윙이 있는가 하면 김이 빠진 것 같은 느린 스윙도 있고, 맹렬한 속도로 들어올리는 빠른 스윙도 있다. 이 3가지 타입의 골퍼에게 느린 왈츠곡의 3박자 리듬에 맞춰 스윙을 하게 한다면 어떻게 될까……. 아마 가장 어려움을 겪는 것은 스윙이 빠른 쪽일 것이다.

이들에게는 같은 3박자의 리듬이라도 좀더 빠른 3박자 리듬이 맞을 것이다. 이처럼 리듬이란 골퍼 각자의 감각적인 문제이기 때문에 어느 것 하나만을 골라서 "이것만이 최고다"라고 단언할 수는 없다. 2박자든 3박자든간에 어느 쪽도 음악의 리듬은 감각으로 받아들이는 것만으로 충분하다.

음악의 리듬이 소리의 움직임에서 생겨난다면, 골프 스윙의 리듬은 몸의 근육 운동에서 생겨난다고 말할 수 있다. 그렇기 때문에 리듬의 흐름은 같은 것 같으면서도 다른 것이다. 타이밍이란 흔히 운동 경기에서 최대의 효과를 얻기 위한 '속도의 조절'을 뜻한다. 운동 속도가 일정하다고 해서 좋은 리듬을 탄다고 말할 수는 없다. 음악의 리듬은 단순히 2박자, 3박자라고 해도 1박자의 속도 여하에 따라 리듬 감각은 달라진다. 정해진 속도대로 움직이는 기계적인 템포만으로는 음악적인 리듬이라고 말할 수 없다.

아이언샷은 '작고 힘 있는' 스윙을

아이언샷의 참맛은 공이 맞는 순간 클럽 페이스에 공이 찰싹 달라붙는 것 같은 감촉을 느껴야 한다. 드라이버는 공을 멀리 날라 주는 클럽이기 때문에 스윙도 크고 느려서 여유가 있어야 한다. 공은 힘으로 치는 것은 아니지만, 아무래도 드라이버샷만큼은 힘껏 클럽을 휘두른다는 표현이 가장 적절할 것이다. 그렇지만 아이언 클럽은 공을 멀리 날라 주는 클럽은 아니다. 거리보다는 방향을 더욱더 중요시하는 클럽이기 때문에 스윙을 크게 할 필요도 없거니와 크게 해서도 안 된다, 힘의 낭비가 없을 정도의 작고 확실한 스윙이라야 방향을 안정시켜 준다.

그렇기 때문에 드라이버는 힘이 약한 아마추어 골퍼나 특히 여자들도 충분히 휘두를 수 있지만, 아이언샷은 어느 정도의 체력이 없으면 만족할 만한 타구가 될 수 없다. 스윙이 작으면 힘이라도 있어야지……. 몸의 반동을 이용해서 클럽 헤드의 스피드를 가속시킬 수는 없을까. 어느 정도의 스피드가 없으면 백스핀은 걸리지 않는다.

백스핀(Back Spin)……. 프로 경기를 그린 근처에서 지켜보면 그린 위에 떨어진 공이 한 발만큼이나 뒤로 끌리는 광경을 확인할 수 있다. 물론 자기가 친 공이 백스핀이 걸리는지 아닌지를 자기 자신이 확인할 수 없는 것이 백스핀이지만……. 어쨌든 백스핀이 걸린 공은 보기만 해도 신들린 것처럼 곡예를 부린다. 이렇게 공에 백스핀이 걸리게 하는 것은 클럽 헤드의 스피드다. 힘없이 날아가는 공은 백스핀이 걸리지 않는다. 그렇다고 꼭 백스핀이 걸리는 공을 쳐야 하는 것은 아니지만, 환상의 마술사(?)가 되려면 그 정도의 구질은 가지고 있어야 하지 않을까…….

스윙 때 풍부한 상상력을 가져라

아무리 생각해 봐도 골프는 스윙이 전부다. 그런데 스윙에 필요한 요소는 많다. 골프채, 끊임없는 노력, 훌륭한 스승, 어느 것하나 틀린 것은 없지만 이보다 더 중요한 것이 있다. 밑천이 들지 않으면서 누구나 가지고 있는 것, 사상력(Imagination)이다.

사람이 무한한 상상의 날개를 펼 때 모든 분야는 극치를 이룬다. 문학은 명작을 낳고 음악은 명곡을 창조한다. 그렇다면 골프에서의 상상력이란 어떤 것일까. 두말할 것도 없이 바른 스윙을 상상하는 것이다. 아무리 몸놀림이 좋아도 훌륭한 스윙을 상상할 줄 모르면 실제의 스윙으로 옮겨놓을 수가 없다. 즉 스윙의 원동력이 되는 것은 상상력이란 말이다. 그렇기 때문에 사람은 무엇이든 상상할 수 있는 능력이 있어서 누구나 바른 스윙은 가능하다는 것이다. 스윙을 정확하게 하는 것은 특별한 운동 신경이 아니라 풍부한 상상력이다.

상상력은 스윙뿐만 아니라 골프의 모든 것──심지어 마음의 변화까지도──을 지배한다. 즐거운 골프, 기술의 골프도 그 밑바닥에 흐르는 정신은 바로 이 상상력인 것이다. 그렇기 때문에 남달리 힘이 세다고 반드시 장타의 능력까지 가지고 있는 것도 아니고, 두뇌가 명석한 사람이 반드시 퍼팅의 명수가 되는 것도 아니다. 스윙이 골프의 전부라면, 상상력은 스윙의 원천이고 원동력이다. 스윙을 익히는 방법도, 코스를 공략하는 요령도 그 바탕은 상상력의 경쟁이 있을 뿐이다. 그래서 골프는 힘이 아니라 머리라고 하지 않았던가.

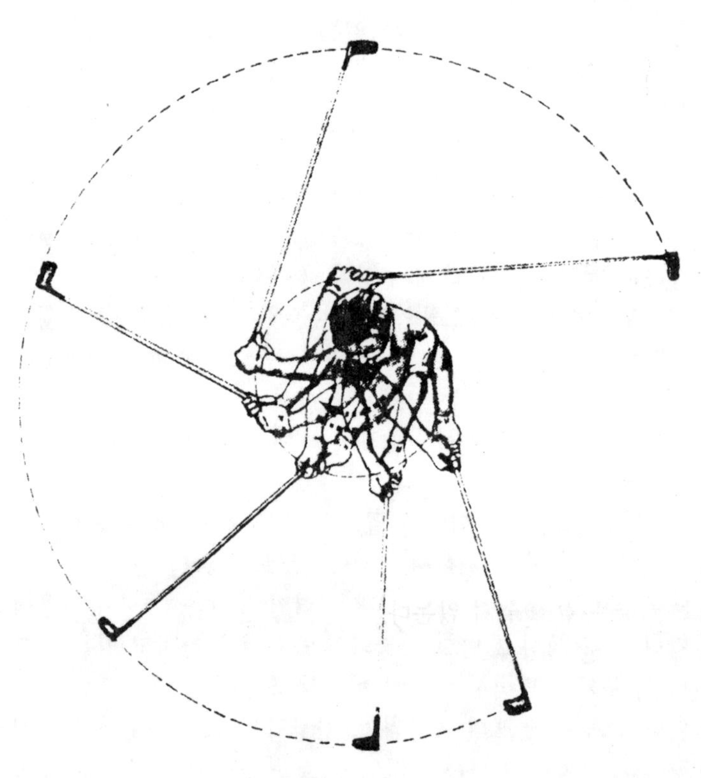

스윙은 힘이 아니고 몸의 회전이다

아마추어 골퍼가 골프를 시작하면서 한꺼번에 너무 많은 것을 배우려는 욕심이 앞서는 것도 골프가 어려워지는 요인 중의 하나다. 초보자 시절 가장 먼저 알아야 할 것은, 골프는 스윙이 전부고 스윙은 힘이 아니라 몸의 회전이라는 단순한 원리가 기본이라는 사실이다. 그래야 공을 쉽게 쳐낼 수 있어 결과적으로 골프를 쉽게 배울 수 있다. 불과 350g 정도밖에 안 되는 골프채(드라이버)를 휘두를 수 있는 힘만 있으면 누구나 스윙은 가능하고 웬만큼의 거리도 어렵지 않게 낼 수 있다. 즉 공을 맞히는 데 큰 힘이 필요치 않다는 말이다.

스윙은 몸을 돌렸다 풀어줄 때 생기는 힘으로 클럽 헤드의 스피드를 가속시켜 준다. 이것도 힘이라면 그 정도의 힘은 있어야겠지만, 몸이 돌아가는 것을 무시하고 단지 팔힘만으로 공을 치는 것은 바람직하지 않다는 말이다. 물론 힘으로 때린다고 공이 뒤로 가지는 않겠지만, 공을 멀리 보내는 것은 클럽 헤드의 스피드지 완력은 아니다. 이것을 신앙처럼(?) 굳게 믿을 때까지는 골프 기술은 결코 늘지 않는다.

공을 팔힘만으로 때리면 백스윙이 시작될 때부터 잘못 되어 중심을 잃는다. 그뿐만 아니라 스윙의 기본 요소인 회전력도 둔화된다. 몸은 비틀려야 돌아가는 것인데 팔만 올린다고 스윙이 된 것처럼 착각하고 만다. 손만 올라갔으니 손으로 때릴 수밖에 없다. 이것이 초보자들의 스윙이다. 그렇기 때문에 스윙은 클럽을 휘두르는 것이 몸을 돌려 주는 동작이라고 알 때까지는 초보자의 영역을 벗어나지 못한다. 골프는 클럽을 휘두르는 것부터 배워야지 공을 맞히는 것부터 배우면 처음부터 골프가 어려워진다. 그래야 스윙은 힘이 아니라는 것도 알게 될 것이다.

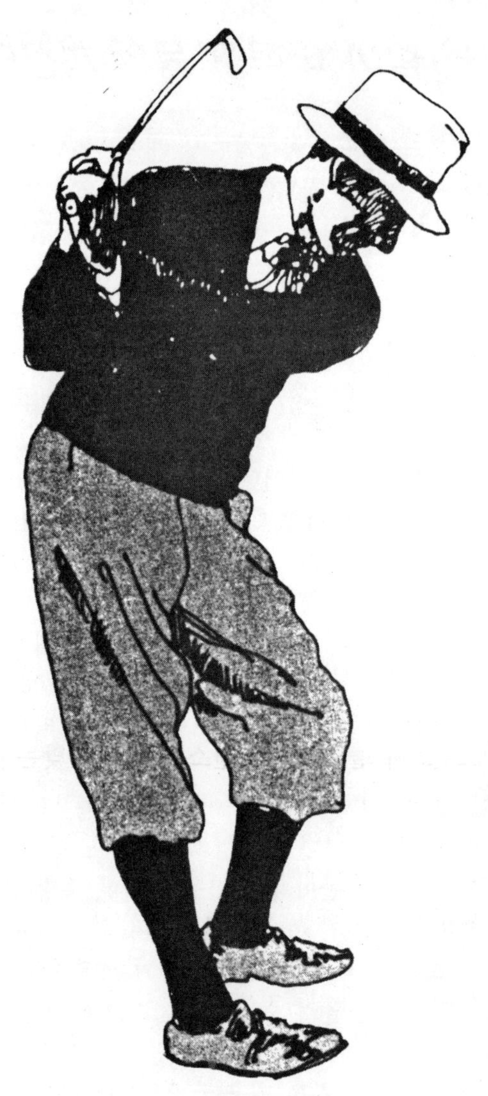

키 작은 사람은 플랫 스윙하라

골프가 어렵다고 생각하는 사람이 의외로 많은 것 같다. 그러나 골프는 결코 어려운 운동이 아니다. 골프는 다른 구기처럼 가로막는 수비가 있는 것도 아니고, 야구처럼 상하좌우로 예고 없이 휘어들어오는 공을 쳐야 하는 부담도 없다. 다만 멎어 있는 공을 시간 제한 없이 그것도 마음 내키는 대로 치면 그만이다(그렇다고 슬로 플레이를 조장하거나 합리화해선 안 된다).

애들이 힘이 좋아 공을 잘 치는 것도, 판단력이 뛰어나 게임을 잘하는 것도 아니다. 다만 골프란 기본 원리만 어느 정도 알고 나면 누구나 할 수 있는 그런 단순한 운동이다. 더욱이 플레이어가 실전을 통해 어렵다고 느끼는 것까지도 따지고 보면 불필요한 이유나 잘못된 선입관에 사로잡혀 있을 때가 더 많다. 이처럼 골프에는 절대적인 이론도 독보적인 원리도 없으면서 수없이 많은 원칙이 지배하는 그런 스포츠다. 스탠스 하나만을 예로 들어보자. 물론 스탠스의 기본은 스퀘어 스탠스가 이상형이라고 강조한다. 그러나 사람에 따라 습관이나 체격 때문에 아무래도 오픈 스탠스나 클로즈드 스탠스가 적성에 맞는 사람도 있을 것이다. 그런 사람은 굳이 스퀘어 스탠스를 고집할 필요는 없다.

그립이나 스윙에도 절대적인 원칙은 없다. 일반적으로 키가 작은 사람은 플랫 스윙이 맞는다고 하지만, 실제로는 업라이트 스윙을 하고 있는 사람이 많다. 이처럼 골프는 어떤 틀에 박힌 사항들을 강요하거나 고집하지는 않는다. 다만 이렇게 하면 미스샷이 덜 난다거나 그래야 타구 거리를 늘릴 수 있다는 일반적인 요령을 제시하고 있을 뿐이다. 또 이런 요령들을 좀더 쉽게 이해할 수 있도록 설명하는 것이 기술이라면 기술이다.

GOLF
GOLF
GOLF
GOLF

스윙은 한순간…… 모방은 없다

　물에 빠진 사람이 지푸라기라도 붙들고 싶은 심정은 골프를 배우는 초보자의 마음과 같은 것이리라. 흔히 기술은 모방에서 출발한다고 한다. 그래서 그런지 많은 아마추어 골퍼들이 유명 프로 골퍼의 흉내를 내려고 스윙 폼이 담겨 있는 연속 사진이나 비디오 테이프를 열심히 연구 분석한다. 조금이라도 골프 기술을 늘리는 데 도움이 될까 해서다. 그러나 이처럼 어리석고 허황된 일도 없을 것이다. 몸으로 익혀야 하는 스윙의 모방은 모방 능력이 있을 때에는 가능하지만, 이미 뼈 마디마디가 굳어서 마음 먹은 대로 움직일 수 없는 어른이 흉내를 낸들 얼마나 낼 수 있겠는가.

　골프 스윙은 많은 근육과 신체 각 부분이 연계되고 결합된 순간적인 동작이다. 그렇기 때문에 어드레스에서 피니시까지의 부분적인 폼이 담겨 있는 그림을 본들 무슨 도움이 되겠는가. 만일 참고가 된다면 자신의 체격과 비슷한 프로 골퍼의 스윙 폼을 비교하면 모를까 그렇지 않으면 참고는커녕 오히려 혼동만 가중될 뿐이다.

　연속 사진이 갖는 의미는 그저 장식적이고 전시 효과만 클 뿐이지 원래의 스윙에서 볼 수 있는 속도감은 전혀 찾아볼 수 없다. 순간적으로 이뤄지는 살아 움직이는 동작이 몇 장의 멎어 있는 그림으로 묘사된다고 그것이 모방의 표본이 될 수는 없는 것이다. 스윙에서 가장 시간이 많이 걸리는 것은 어드레스에서 백스윙이 시작되기 전까지지, 다운스윙에서 폴로스루에 이르면 거의 육안으로는 판별하기 어려울 정도의 빠른 속도로 진행된다.

섀도 스윙은 일정한 평면을 그리도록

골프는 스윙이 전부라 하기도 하고 스윙은 감각적이어야 한다고 하기도 한다. 타구 거리가 길면서도 휘지 않는 공……. 골프의 극치를 이루는 환상의 타구 방법은 무엇일까.

골퍼라면 프로 아마추어를 막론하고 장타에다 정확성이 보장된 타구 방법을 찾기에 여념이 없다. 그 중의 하나가 스윙 평면을 일정하게 유지할 수 있는 맨손 스윙(Shadow Swing)이다. 스윙 때마다 클럽 헤드가 일정한 평면 위를 통과하면 장타는 물론 방향까지도 틀림없이 보장받을 수 있기 때문이다.

눈만 뜨면 골프밖에 모르는 프로 골퍼들도 플레이 도중에 클럽을 잡지 않고 맨손 체조라도 하는 것처럼 연습 스윙을 하는 것을 자주 본다. 클럽을 잡지 않아도 손과 팔은 물론이고 온 몸을 움직여서 실제 타구 때와 똑같은 스윙 동작을 해본다. 이것은 실제 스윙 때 많은 도움이 된다.

이때 가장 중점을 두는 것은 타이밍이다. 제각기 다른 스윙 폼에서도 완벽한 타구가 가능한 것은 리듬이 맞기 때문이다. 스윙은 템포와 리듬이 타구의 승패를 가름한다. 그렇지만 클럽만 잡으면 힘이 들어가서 연습 스윙 때와는 그 감정이 다르다. 감정이 다르기 때문에 감각까지도 달라진다. 이런 이질감과 위화감을 제거하기 위해서도 두 손과 두 팔을 여유 있게 흔들어 줘야 한다.

백스윙 때 오른쪽으로 꼬였던 몸통이 임팩트 때 완전히 풀리면서 공을 맞히는 동작과 감각도 클럽을 잡지 않은 맨손 스윙을 통해 얻어질 수 있는 것이다.

백-다운스윙 때 리듬은 일정해야

　아무리 스윙 폼이 이상해도 그럭저럭 공이 맞아 나가는 것은 스윙에 리듬이 있기 때문이다. 이처럼 리듬은 스윙에 없어서는 안 될 절대적인 요소다. 그림같이 아름답고 유연한 스윙 폼이라도 리듬이 없으면 공은 바로 나가지 않는다. 그런데 리듬에는 한 가지 공통점이 있다. 스윙 속도는 사람에 따라 달라도 대개 테이크백에서 톱 오브 스윙까지가 3분의 2이고 그 다음부터 피니시까지가 3분의 1의 비율로 구성되어 있다는 사실이다. 스윙이 느리고 빠른 것과는 상관없이 이 비율만 지키면 리듬은 맞아 들어간다.

　다시 말해 스윙이 빠르면 빠른 대로 또 느리면 느린 대로 백스윙과 다운스윙의 리듬만 일정하게 유지하면 공을 맞히는 데 큰 어려움은 없다. 이 리듬은 클럽이 길고 짧은 것과 관계없이 항상 일정해야 한다. 좀더 구체적으로 말하면 가장 거리가 길다는 드라이버샷에서 20야드의 짧은 어프로치샷에 이르기까지 3분의 2와 3분의 1의 스윙 스피드의 비율을 유지하면, 소위 스윙 리듬은 살아서 훌륭하게 공을 맞힐 수 있다.

　스윙은 클럽 헤드가 공에서 멀어질수록 어려워진다. 그래서 스윙의 리듬 감각을 기르기 위해서는 오히려 짧은 거리의 어프로치샷을 되풀이하는 것이 효과적이다. 퍼팅의 리듬 감각은 바로 드라이버샷의 리듬을 만들어내는 원천이 된다. 20야드의 거리라면 백스윙의 크기는 고작 50cm 정도에 불과하지만, 그 속에도 일정하게 흐르는 리듬이 있을 때 비로소 공은 바로 맞는다는 것을 알아야 할 것이다.

원심력 따라 몸 전체를 왼쪽으로

스윙은 잠시도 끊어지지 않고 자연스럽게 이어지는 흐름이 있어야 한다. 물론 이것은 스윙의 기본이지만 이것을 이해하기 위해서 스윙이라는 동작을 백스윙과 다운스윙이라는 2가지 운동으로 분류해서 생각해 본다. 즉 몸을 비틀면서 클럽을 들어올리는 운동과 공을 맞히기 위해 꼬았던 몸을 다시 풀면서 클럽을 끌어내리는 운동으로 말이다. 이 과정에서 반동과 원심력을 이용한 자연스러운 스윙이 되면 이 2가지 운동은 하나의 흐름 속에서 조화를 이루게 된다.

더욱이 클럽 헤드가 스윙 아크의 가장 낮은 지점에서 공을 맞히면 이것이 바로 나이스샷이 되는 것이다. 스윙 아크의 최하점과 공의 위치를 일치시키기 위해서는 무엇보다도 스윙축을 일정하게 유지해야 한다. 스윙이 작으면 (퍼팅처럼) 스윙축을 고정시키기 쉽지만, 클럽의 길이가 길고 스윙이 커지면 (드라이버샷처럼) 원심력이 작용해서 체중 이동의 폭이 커지게 된다. 그래서 스윙이 커질수록 왼발 쪽(공의 위치)으로의 체중 이동이 필요하게 되고, 이를 위해 왼쪽 무릎과 허리의 역할이 중요한 요소로 작용하게 되는 것이다.

공을 스탠스 중앙에 놓고 때리면 클럽 헤드가 스윙 아크의 최하점(왼발 앞)에 이르기 전에 공을 맞히기 때문에 공 밑동을 때려서 미스샷이 되고 만다. 그러나 원심력에 맞춰 몸 전체가 왼쪽으로 따라 움직이면 스윙이 절대로 흔들리지 않는다. 이를 위해 머리는 시종 고정시켜야 한다.

40 YDS
80 YDS

퍼팅의 요령이 곧 롱샷의 비결

십리길도 한 걸음부터라고 했다. 골퍼라면 누구나 일발 장타를 최대의 목표로 삼는다. 긴 것…… 장타…… 그렇다면 짧은 퍼팅은 자신 있다는 말인가. 1m 미만의 퍼팅을 몽땅 성공시킨다는 보장은 없다. 이것이 골프다.

그러나 숏게임은 롱게임보다 비교적 쉬운 것은 사실이다. 누구에게나 쉽게 느껴지는 숏게임은 사실은 롱샷의 기본인 것이다. 더욱이 롱샷 때 오른손을 비틀면서 서둘러 치거나 엎어지는 잘못된 타구를 자주 보게 되지만, 차라리 롱샷의 타법은 짧은 어프로치샷의 요령과 방법에서 배워야 한다. 그렇기 때문에 일반적으로 생각하는 롱샷과 숏게임의 타법이 다르다고 생각하는 것은 근본적으로 잘못된 생각이다. 긴 것이든 짧은 것이든 왼손은 방향을 좌우한다. 왼손의 등으로 공을 박아 친다는 감각을 느끼면 공을 핀에 붙이는 연습이 되는 것이다. 이 요령은 바로 롱샷의 기본이 된다.

또 거리가 길든 짧든 어드레스 때 목표를 설정하는 방법에도 기본적으로 다른 것은 없다. 다만 거리가 짧아지면 오른발이 앞으로 나오는 오픈 스탠스로 변하는 일은 있지만, 이때에도 어깨의 선은 어디까지나 목표선과 평행이 되는 스퀘어의 원리를 지켜야 한다. 그래서 직각의 원리를 이해하고 지키지 못하면 오픈 스탠스나 클로즈드 스탠스 때의 타법을 이해할 수도 없는 것이다. 롱샷의 원리를 먼 데서 찾을 필요는 없다. 바로 퍼팅과 숏게임의 요령이 그대로 롱샷의 비결로 연결되는 것이다.

OB연속 최고 기록은 파머의 4번

골프의 세계 4대 주요 경기(마스터스, US오픈, 브리티시 오픈, USPGA) 중에서도 1860년에 창설된 전영 오픈은 올해로 121회째를 맞는다. 이 브리티시 오픈이야말로 역사와 전통을 자랑하는 가장 권위 있는 대회다. 이 대회를 위시해서 모든 골프 기록은 작성되고 보존되고 있다.

골프 경기는 예기치 않은 곳에서 기상천외의 사건들이 일어난다. 소위 골프의 진기명기다. 1987년도 마스터스 대회 우승자 래리 마이즈의 연장 두번째 홀에서의 기적 같은 제3타. 1989년도 마스터스에서는 정반대의 해프닝이 일어났다. 연장 첫번째 홀에서 66cm짜리 퍼팅을 놓친 코크의 한맺힌 1타는 다음 홀에서 닉 팔도에게 그린 재킷을 헌상(?)하고 말았다. 전자가 행운을 몰고 온 기적의 1타라면, 후자는 영원히 잊지 못할 불운의 표본이다. 이런 기록 중에서 아직

도 깨지지 않은 사건(?)을 소개한다. 아마추어 골퍼의 스코어 카드에는 가끔 두 자리 숫자의 스코어가 기록되지만 과연 프로 골퍼의 스코어는 어떤 것이 있을까.

◆ 1927년 미국 쇼니 오픈에서 일어난 일이다. 지난 주 미국 오픈에서 우승한 토미 아머는 17번홀에서 티샷을 10번이나 OB를 냈다. 한 자리에서 OB 10번이라. 이 홀에서의 스코어는 23. 이 기록은 프로 골퍼 최고(?)의 기록으로 아직도 깨지지 않고 진기록으로 남아 있다.

◆ 1961년 LA오픈. 랜초파크GC의 9번홀은 좌우가 플레이 금지 구역(Out of Bounds)이다. 골프 영웅으로 알려진 아놀드 파머도 티샷을 연속적으로 4번이나 OB를 냈다. 스코어는 12타. 이 기록도 연속적으로 OB를 낸 최고 기록으로서 아직도 깨지지 않은 채 보존되고 있는 세계 기록이다.

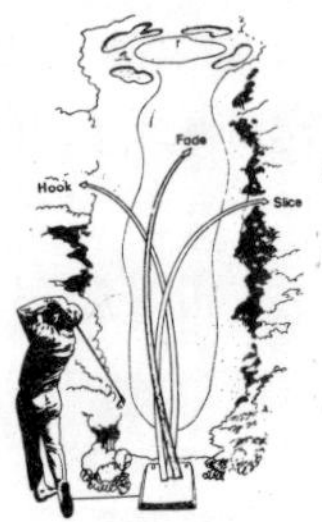

미 스 샷
Miss Shots

미스샷 적은 스윙 요령부터 익혀라

아마추어 골퍼에겐 핸드캡이라는 것이 있다. 그렇기 때문에 어느 홀에서나 꼭 파플레이를 해야 할 필요는 없다.

홀마다 파플레이를 할 수 있으면 그것은 핸드캡 0(제로)의 스크래치 플레이어(Scratch Player)다. 그렇지만 프로 골퍼는 사정이 좀 다르다. 어떤 체격의 조건이라도 프로 골퍼라면 우선 장타력을 갖고 있어야 한다. 어느 정도 거리가 나지 않으면 언더파(Under-Par)에 도전할 수 없고, 그렇지 않으면 이길 수도 없는 것이 프로의 세계다. 그래서 프로 골퍼에겐 무리한 스윙 스타일도 용납(?)되는 것이다.

그렇지만 아마추어 골퍼의 목표는 파플레이가 고작이고, 자기 분수(핸디캡)에 맞게 플레이하면 보기, 더블 보기까지도 감수해야 할 때가 있다. 이토록 합리적인 운동이 골프 게임인데 무리를 하면서까지 스윙을 복잡하게 만들 필요는 없다. 보다 단순하고 바른 스윙을 익혀서 미스샷이 가장 적은 요령을 알면 그만이다. 이 요령을 알기 위해서는 골프 스윙의 3대 원칙을 이해해야 할 것이다.

① 스윙의 운동 원리는 몸(등뼈)을 중심축으로 하는 클럽 헤드의 원운동이다.

② 스윙 궤도의 평면(Swing Plane)은 하나다.

③ 공을 보다 멀리 똑바로 보내는 원리는 임팩트 때의 클럽 헤드의 속도가 가장 빨라야 하고, 클럽 페이스는 목표와 직각을 이뤄야 한다. 이상이 골프 스윙의 3원칙이다. 이 원칙을 알고 지키면 누구라도 골프는 쉽게 느껴지게 되고 스윙을 바로 하는 기초가 될 것이다.

자신감 갖고 게임해야 미스샷 안 난다

골프를 미스샷의 게임이라고도 한다. 이것은 아무리 기술이 뛰어난 프로 골퍼도 미스샷은 하게 마련이어서, 어떻게 하면 미스샷을 줄일 수 있는가 하는 것이 모든 골퍼의 숙명적인 과제이기 때문이다. 그런데 미스샷은 기량의 미숙에서도 일어나지만 심리적인 영향 때문에 생기는 경우도 결코 적지 않다. 특히 아마추어 골퍼에게는 첫홀에서의 티샷이 대표적인 것이고, 그린 앞에 연못 같은 장애물이 있을 때에도 어딘가 불안해진다. 이 불안감이 뒤땅을 치게 되고, 그러면 공은 연못 속으로 빠지고 만다. 또 좌우 양쪽이 OB 구역이고 페어웨이가 좁은 홀에서는 팅그라운드에 서기만 해도 두려움이 앞선다. 드디어 그 공포심 때문에 미스샷이 날 때가 많다. 이처럼 불안, 공포, 초조 속에서는 결코 좋은 결과(나이스샷)를 기대할 수 없다.

그렇다고 미스샷의 모든 요인들을 깡그리 없애 버릴 수도 없는 것이 골프의 특성이다. 바람직한 것은 많은 연습을 통해서 자신감을 얻고 그것으로 심리적인 약점을 해소하는 것이 기본적인 해결 방법이다. 모든 경기의 지도자들이 하는 말 "연습은 실전처럼, 실전은 연습처럼……." 이것만이 불필요한 불안과 공포에서 벗어나는 길이다. 악조건에 놓일 때마다 연습장에서의 나이스샷을 머리 속에 떠올려서 그런 타구를 할 수 있도록 적극성을 가져야 한다. 도망가는 자세에선 미스샷도 많이 일어난다. 최대의 공격은 최선의 방어라고 하지 않았던가……. 보다 적극적인 자세로 불리한 상황에 대처한다면 쉽게 난국에서 벗어날 수 있을 것이다. 바로 이 적극적인 자세는 '소신껏' 타구를 하는 자신감이다. 그것은 클럽을 빼들 때 이미 결정돼야 할 사항이다.

골프는 생각할 수 있는 시간적 여유가 많은 운동이지만, 그것은 타석에 들어서기 전에 이뤄져야 하는 것이 이상적이다.

평소에 방향 확인 습관을 길러라

미스샷은 기술 미숙뿐만 아니라 심리적인 영향 때문에 일어나는 일도 많다고 했다. 이 밖에도 실전을 통해 겪어 보면 착각에서 일어나는 미스샷도 의외로 많다. 구질 자체는 완벽해서 나무랄 데가 없지만, 착각 때문에 엉뚱한 방향을 보고 때리는 경우가 바로 이와 같은 미스샷이다. 가령 팅그라운드가 페어웨이의 방향과 일치하지 않고 팅그라운드 방향에 장애물(OB 또는 연못 등)이 있는 경우다. 팅그라운드가 반드시 페어웨이 복판을 보고 있는 것은 아니다. 또 지형이나 주변 경관 때문에 일어나는 착각도 있다. 내리받이 코스 밑에 그린이 있으면 그린 뒤쪽이 높게 보인다. 이런 때에도 역시 착각 때문에 퍼팅을 잘못하게 된다.

이와 같은 착각은 물론 신중하지 못하고 경솔한 판단에서 연유된다. 팅그라운드 방향의 착각 같은 것은 티업(Tee-up)을 하고 나서 공 뒤에 서서 공 앞(약 1m 지점)에 중간 목표를 설정해 놓는 습관을 들이면 충분히 방지할 수 있는 착각이다.

또 경사진 그린도 마찬가지다. 퍼팅 라인을 확인할 때 공 뒤에서 홀 쪽으로 또는 홀컵 뒤에서 공까지의 경사도를 알 수 있는 자리를 설정해 놓으면 그런 터무니없는 착각은 일어나지 않는다. 모처럼의 나이스샷이 방향 설정을 잘못한 탓으로 돌이킬 수 없는 미스샷이 된다면 분통이 터질 노릇이다.

물론 모든 것이 플레이어 자신의 탓이기는 하지만…… 간단한 요령으로 방향 확인만 하면 되는 것을…… 너무 잘 맞아서 손해 보는 일은 없어야 할 것이다.

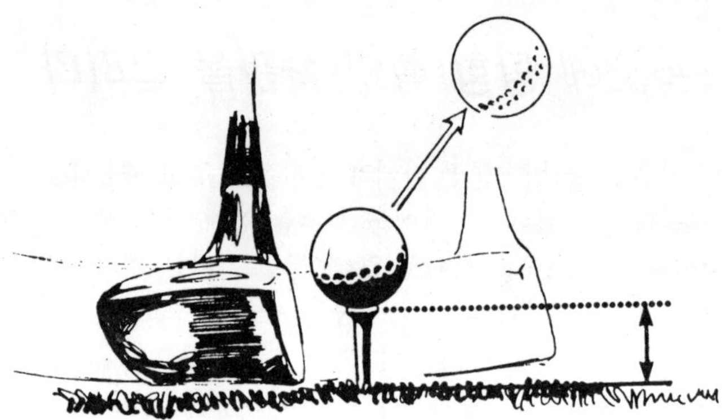

어깨 나오거나 무릎 쏠리면 공중볼

구질의 명칭도 가지가지다. 이상적인 구질인 직구를 비롯해서 좌우로 휘는 훅과 슬라이스(드로와 페이드) 그리고 탄도의 높낮이로 구별되는 땅볼과 공중볼이 있다.

직구를 제외하면 모두가 미스샷이다. 공을 맞히는 순간 클럽 헤드가 밑으로 처지면서 티 위에 올려 놓은 공 밑동을 때리면 공은 하늘 높이 솟아오른다. 이것을 공중볼(Skying Ball) 또는 플라잉볼(Flying Ball)이라고 한다. 세칭 '덴뿌라'라고 말하는 사람이 훨씬 많다. 플라이(Fly)를 프라이(Fry)와 혼동해서 잘못 쓰고 있는 그 사람들(?)은 공중볼을 '덴뿌라'(튀김이라는 뜻)라고 부른다고 한다. 그러나 우리까지 잘못된 표현을 그대로 따를 필요는 없다.

어쨌든 땅볼이나 공중볼은 그 뿌리(원인)를 캐보면 사촌간이다. 어느 쪽도 스윙 궤도가 낮을 때 일어나게 되지만, 공중볼은 땅볼보다는 증상이 가볍다고 말할 수 있다. 다운스윙 때 주저앉는 자세에서 공을 맞히면 자연히 클럽 헤드의 궤도도 낮아져서 공중볼이 되고 만다. 그렇지만 땅볼과는 약간 다른 데가 있다. 뒤땅을 칠 때에는 스윙 궤도의 최하점이 공 뒤에 있지만 공중볼은 공 밑에 오게 된다. 이것은 체중이 오른발에 남아 있어서도 아니고 스윙이 빨라서도 아니다. 체중 이동도 팔의 움직임도 제대로 되고 있으면서 공중볼이 되는 것은, 왼쪽 어깨가 앞으로 나와 있거나 두 무릎이 목표 쪽(왼쪽)으로 지나치게 깊이 들어가면서 공을 맞혀 공 밑동을 때리기 때문이다.

이런 미스샷을 막기 위해서도 다운스윙 때 무릎이 왼쪽으로 지나치게 밀리지 않아야 하고, 이를 위해서는 머리와 왼쪽 어깨를 고정시켜서 왼쪽 벽을 확실하게 쌓아야 한다. 이것도 중심축이 고정된 스윙을 할 때만 가능한 것이다.

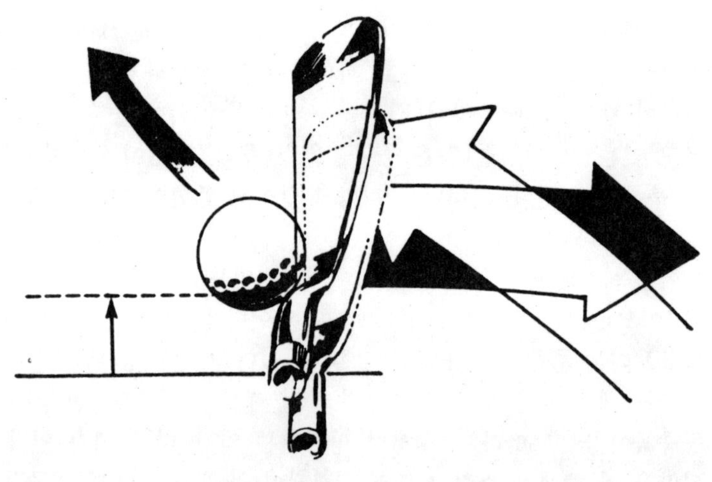

생크는 수준 높은 미스샷

골프 기량이 어느 정도 수준급에 이르면 어느 날 갑자기 찾아오는 것이 생크(Shank)라는 병이다. 그런데 일반적으로는 왜 생크가 나는지 확실히 모르고 있거나 잘못 알고 있는 사람이 많다. 구질을 살펴보면 거의 오른쪽으로 곧바로 날아가는 것이 생크의 특징이다. 생크를 일명 소켓(Socket)이라고 말하는 것은 클럽 페이스 뒤쪽(Heel 또는 Socket)에 공이 맞으면 튀어나가듯 오른쪽으로 달아나기 때문이다.

공이 오른쪽으로 튀어나가는 것은 클럽 끝(Toe)에 맞아도 일어난다. 그렇지만 이것은 본래의 생크와는 구질이 다르다. 그렇기 때문에 구조상 소켓 부분에 툭 튀어나온 것이 없는 우드 클럽을 쓸 때에는 생크가 일어나지 않는다.

생크란 어디까지나 아이언샷 때만 일어나는, 미스샷 중에서도 수준 높은(?) 미스샷이라고 말한다. 그것은 수준급 골퍼의 아이언샷은 클럽 페이스 뒤쪽(아이언은 여기가 중심——Sweet Point——이다)으로 공을 때리기 때문이다. 그러다 조금만 뒤쪽에 맞아도 생크가 나게 된다.

생크는 클럽 페이스가 열려 있거나 스윙 궤도가 아웃사이드인이라든가 또는 인사이드아웃 같은 것과는 아무 상관이 없다. 오히려 스윙 궤도 자체는 정확하지만 클럽 헤드가 약간 앞으로 밀리면 결과적으로 클럽 페이스 뒤쪽에 공이 맞아 생크가 나게 된다. 생크는 짧은 거리에서 결정적인 순간(홀컵을 겨냥할 때)에 일어나기 때문에 돌이킬 수 없는 타구지만, 그 내용은 고급스럽다고(?) 자위할 수도 있다. 그래서 프로 골퍼까지도 겁을 많이 내는 것이 생크라는 미스샷이다.

YES
NO

오른발 뒤꿈치는 늦게 떼야

생크가 나는 상황은 대개 정해져 있다. 생크는 슬라이스나 훅처럼 어느 때 어디서나 나는 것은 아니다. 생크가 많이 나는 것은 가까운 거리와 발끝이 낮은 곳에 공이 있을 때다.

발끝이 낮으면 아무래도 체중이 발끝에 걸리게 되어 발끝으로 체중을 받쳐 주지 않으면 몸은 앞으로 쏠리게 된다. 그래서 공을 맞히는 순간에는 어드레스 때보다도 클럽 페이스가 앞으로 (정면) 나가서 클럽 페이스 뒤쪽에 공이 맞아 생크가 나게 된다. 이처럼 스탠스의 위치가 불안정하면 스윙 때 낮은 쪽으로 몸이 쏠리는 원심력 때문이다.

또 아주 가까운 거리에서의 어프로치샷 때 탄도가 낮은 컨트롤샷을 할 때에도 생크는 일어난다. 이것은 공을 위에서 아래로 눌러치려고 (그래야 공이 낮게 날아가니까) 몸이 앞으로 쏠려서 스윙 궤도의 지름이 짧아지기 때문에 자연히 클럽 페이스 뒷부분(Socket)에 공이 맞게 된다.

어떤 경우에도 몸이 앞으로 쏠리거나 수그러져선 안 된다. 그래서 어드레스 때 자연스럽게 굽어진 두 무릎은 다운스윙 때에도 그 높이를 그대로 유지해야 한다. 그것은 원(스윙)의 반지름을 일정하게 유지하는 유일한 길이다. 발끝이 낮은 라이에서는 다운스윙 때 오른발 뒤꿈치가 빨리 들리기 쉽고 그러면 무릎이 앞으로 가라앉으면서 오른쪽 어깨도 수그러지게 된다. 이런 것들은 모두 클럽 페이스 뒤쪽으로 공을 맞히는 원인이 된다. 그렇기 때문에 발끝이 낮은 상황에서는 되도록 오른발 뒤꿈치를 늦게 떼야 생크를 방지할 수 있다.

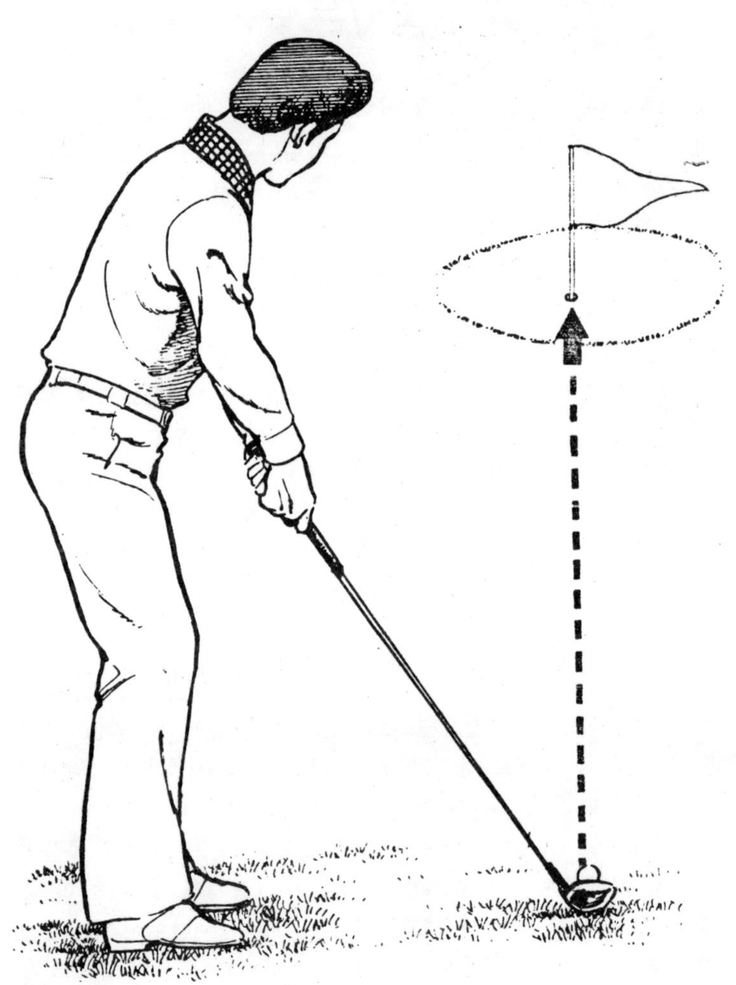

거리에 욕심내면 미스샷 많이 난다

골프 코스는 길고 짧은 거리에 따라 홀마다 규정 타수(Par)란 게 있다. 이 규정 타수를 기준으로 공격 목표가 설정되기도 한다. 프로 골퍼는 언더파에 도전하고 스크래치 플레이어(핸디캡이 0인 프로 골퍼와 맞먹는 수준의 아마추어 골퍼)는 파플레이가 지상 목표다. 그런가 하면 일반 아마추어 골퍼는 보기 플레이(90)가 고작이고, 초보자는 더블 보기 플레이(108)도 힘겨운 실정이다. 그래서 골프 게임은 우선 거리를 정복하지 않으면 파플레이는 고사하고 보기 플레이도 어려워진다.

이토록 거리에 욕심을 내다 보니 미스샷이 나오게 된다. 그렇지만 골프에서의 미스샷은 반드시 있게 마련이고 그 원인에 대해서는 복잡하면서도 유기적인 데가 있다. 가장 초복적인 어드레스의 잘못에서부터 동작의 미스, 생각의 미스, 그리고 심지어 정신적인 면에 나타나는 미스 등……. 여러 가지 잘못된 원인이 얽히고설켜서 미스샷이라는 하나의 결과를 낳게 된다.

초보자는 으레 미스샷을 하게 되지만, 그럴 때마다 '헤드업'때문이라고 호통(?)을 친다. 물론 그것도 하나의 원인일 수는 있다. 그러나 그것만이 유일한 결점이라고 단정한다면 그 사람에게서는 별로 배울 것도 기대할 것도 없을 것이다. 미스샷을 막기 위해서는 그 미스샷을 유발한 원인부터 규명하지 않으면 안 된다. 그 진단이 정확하고 교정이 바로 됐을 때 비로소 미스샷을 바로 잡는 처방이 효력을 보게 된다. '골프가 미스샷의 게임'이라고 해서 어떤 미스샷도 용납된다는 말은 결코 아니다. 아무리 미스샷이 필연적으로 있게 마련인 골프에서도 한번 저지른 잘못을 두번 다시 되풀이하지 않는 지혜와 노력은 있어야겠다. 그래야 이기는 방법도, 즐거운 골프를 할 수 있는 요령도 찾아낼 수 있다.

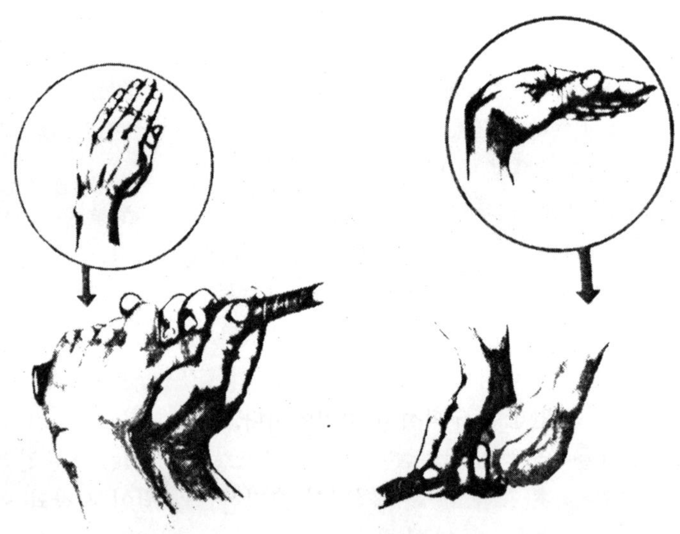

엄지 쪽으로 손목 꺾으면 미스샷 줄어

백스윙 때 체중 이동이 잘 되고 허리의 회전과 손이나 팔의 동작이 이것과 꼭 맞아 떨어지면 이상적인 다운스윙으로 이어질 수 있다. 이처럼 다운스윙은 백스윙의 반동으로 자연스럽게 이뤄지는 동작이라고 해도 좋을 것이다.

다운스윙은 그 동작 자체가 아주 빠르기 때문에 클럽 헤드가 내려오는 궤도는 백스윙 때 올라간 궤도로 결정되게 된다. 이것은 클럽 헤드는 올라간 길을 따라 내려온다는 스윙의 속성으로 설명되기도 한다. 그렇기 때문에 스윙이 좋고 나쁘고는 전부 백스윙에 달려 있다 해도 과언은 아니다. 안정된 스윙 아크를 만들어내기 위해서는 백스윙 때 왼팔을 펴야 한다고 강조한다. 더욱이 백스윙 때 두 손이 허리 높이까지 올라갈 때까지는 절대로 손목을 꺾지 말라고 타이르기도 한다. 이것은 스윙 아크를 일정하게 유지하기 위해서는 왼팔에 의한 스윙의 반지름을 변치 않게 한다는 단순한 수학적인 원리에서다.

왼팔을 쭉 뻗는 것과 손목을 꺾는 코킹(Cocking)과는 밀접한 관계가 있다. 그리고 그 결정적인 수단은 백스윙이 시작되는 순간에 달려 있다. 우선 왼쪽 팔꿈치를 펴는 것에만 정신이 팔리면 오른손의 역할을 잊어버리게 되고 그러면 자연스럽게 왼팔을 펼 수도 없게 된다. 다음은 손목을 꺾는 일이다. 코킹에는 2가지 방법이 있다. 어드레스 자세에서 손목이 오른쪽으로 돌아가는 방법과 엄지손가락 쪽으로 꺾이는 방법이 그것이다. 그러나 공을 바로 맞히기 쉬운 쪽(엄지손가락 쪽)을 택하는 길만이 코킹의 본질을 이해하게 될 것이다.

미스샷 나면 다음 타구에 승부를

아마추어 골퍼는 스코어를 따지기 전에 즐거움을 찾을 줄 알아야 한다. 즐거운 골프를 표방한다고 성의 없이 플레이해도 좋다는 말은 절대로 아니다. 기량이 모자라면 성의라도 있어야지……. 최선을 다하는 진지한 맛이 있어야 남 보기도 좋고 나도 후회하지 않는다. 아무리 훌륭한 프로 골퍼도 때로는 러프나 장애물 속에 공을 빠뜨릴 때가 있다. 그러나 궁지에 몰릴 때마다 마술사의 지팡이처럼 클럽을 휘둘러서 위기 상황에서 벗어난다. 그러나 아마추어 골퍼는 어떤가. 어려움 속에 빠지면 앞뒤 가릴 여유도 없이 쉽게 포기해 버린다. 바로 이것이 프로와 아마추어의 다른 점이다. 달라도 한참 다르다.

공이 보이고 클럽을 휘두를 수 있는 공간만 있으면 어떤 방법으로도 타구는 가능하다. 그래도 안 되면 두 손 들면 그만이다. 백기를 드는 것(Unplayable)도 적극적인 공격 방법의 하나다. 무조건 포기하는 식의 항복과는 그 의미가 다르다. 누구나 골프장에 갈 때는, 아니 공을 치기 전까지는 최선을 다하겠다고 몇 번이고 다짐한다. 최선을 다한다고 반드시 마음 먹은 대로 나이스샷이 되는 건 아니지만, 그렇지 않으면 골프는 재미가 없다.

초보자나 기량이 덜 다듬어진 사람은 미스샷이 많이 난다. 그럴 때마다 후회하고 포기한다면 언제 모자라는 기량을 채울 수 있단 말인가. 미스샷이 나면 다음 타구에 승부를 걸어보는 슬기와 노력이 있어야 하고, 그래야 침울한 기분은 곧 사라지게 된다. 바둑에서 악수가 또 다른 악수를 낳듯 미스샷이 제2, 제3의 미스샷으로 이어진다면 그것은 만용이고 우둔한 소치다. 그러면 게임에 이길 수도 없거니와 자신에게마저도 질 수밖에 없다. 골프란 최선을 다해서 그 결과가 좋으면 다행이고 나쁘면 바로 잊어버려야 한다.

미스샷을 해도 흥분하지 마라

미스샷을 하지 않는 골퍼는 한 사람도 없다. 아무리 유명한 프로 골퍼에게도 미스샷은 있게 마련이다. 하물며 기량이 미숙한 아마추어 골퍼가 미스샷을 하는 것쯤은 큰 문제가 되지 않는다. 그렇지만 당연한 것으로 여겨지는 미스샷을 그대로 내버려 두면 기량은 늘지 않는다. 미스샷도 미스샷 나름이다. 중요한 것은 기량의 미숙 때문에 일어나는 미스샷은 용서받을 수 있어도 분수(실력)를 지키지 못해 일어나는 미스샷은 용서받지 못한다.

그러나 어떤 경우에도 미스샷을 하게 되면 누구나 억울하게 생각되고 후회가 막심할 것이다. 이것이 도가 지나치면 걷잡을 수 없는 분노마저 치밀어오른다. 이처럼 격한 감정을 마음 속으로 삭이지 못하고 겉으로 나타내는 사람도 적지는 않다. 그런 사람은 다음 타구도 틀림없이 미스샷이 되고 만다. 물론 미스샷도 내 것이고 화를 내는 것도 자유일 수는 있다.

하지만 나의 잘못된 행위(성의 없는 미스샷 같은)가 다른 플레이어에게 영향을 미친다면 이것은 자유를 넘어 공해에 속한다. 모처럼의 즐거운 골프가 다른 사람에게 큰 피해를 주는 행위가 된다면 그것은 추방돼야 할 공적일 수밖에 없다.

자신의 기량 부족을 부끄러워하지 않고 몽땅 남의 탓으로 돌리는 풍조는 골프 기량을 저해할 뿐만 아니라 골프장 분위기를 어둡게 만든다. 그러나 훌륭한 골퍼는 미스샷을 해도 결코 흥분하거나 남의 탓으로 돌리지 않는다. 오히려 최선을 다해 다음 타구에 임한다. 그래야 나도 즐겁고 남을 즐겁게 하는 플레이가 되는 것이다.

예고 없는 슬럼프, 처음부터 시작하자

나이스샷과 미스샷은 희비가 엇갈리는 극과 극을 달리는 타구다. 모든 사물에는 원인과 결과가 있지만, 골프의 종합적인 평가는 결과(Score)만을 따져서 순위를 결정하는 그런 경기다.

당연히 나이스샷이 많으면 스코어는 좋아지고 반대로 미스샷이 많으면 그 결과는 나빠진다. 연습공을 치거나 실제 라운딩을 해보면 누구에게나 나이스샷은 있다. 그렇지만 그것이 지속되지 않는 것은 그 원인을 모르기 때문이다. 장님 문고리 잡듯 어쩌다 잘 맞은 타구는 아무리 결과만을 따지는 골프라지만 그것은 나이스샷이 아니다. 미스샷에도 반드시 원인이 있다.

대수롭지 않은 나쁜 버릇이나 잘못도 남을 해치지 않는다는 이유 때문에 방치해 두면 언젠가는 큰 원인으로 뿌리 박히게 된다. 미스샷의 원인이 아무리 작아도 빨리 뽑아낼수록 좋다. 결코 완전한 골프를 성취할 수 없는 일반 골퍼도 미스샷을 줄이기 위한 노력을 계속하는 한 그 원인과 결과를 찾아내지 않으면 안 된다. 원리에 기초를 두고 합리적인 기술을 추구해서 미세한 기술적인 결함까지도 소홀히 넘겨서는 안 된다는 말이다.

누구에게나 예고 없이 찾아오는 컨디션의 난조와 슬럼프, 이런 때에는 처음부터 다시 시작하는 용감한(?) 재수생이 돼야 한다. 골프는 스윙이 전부라 했다. 그러나 스윙 기술은 하루 아침에 얻어지는 것이 아니다. 사람마다 개성이 달라도 악화가 양화를 몰아내듯 불완전한 것(미스샷)을 완성시키려는 어리석은 노력은 결코 해서는 안 되는 것이다.

불운은 없다……모든 미스샷은 자기 책임

　일방적인 우세 속에 마지막 라운드를 맞는다. 어쩌면 KO승도 가능한 상황이다. 그런데 KO만을 면하려는 필사적인 노력 속에 무심히 휘두른 상대방 주먹이 턱에 꽂힌다. 공격 일변도의 무방비 상태에서 얻어맞은 불의의 한 방이다. 매트 위에 쓰러진 그는 마지막 공이 울릴 때까지 일어나지 못한다. 치욕의 KO패다. 이런 광경을 지켜보던 해설자가, 만일 저 한 방만 맞지 않았다면……. 이런 저런 구실을 붙여 가며 몹시 아쉬워한다. 우리는 여기서 경기를 지켜보는 바른 눈과 사물을 바라보는 정확한 판단력이 필요함을 통감한다.

　일반적으로 골프 게임에는 빠져 나갈 구멍(구실)이 많다. 불운했던 모든 것은 남의 탓으로 돌리고 오직 유리한 것(나이스샷)만을 골라서 결과를 따지는 경향이 있다. 그렇다면 누군들 어떤 경기에서도 지는 일은 없을 것이다. 실력의 부족을 불운 탓(?)으로 돌린다면 떳떳한 대장부가 아니다. 물론 골프에는 운이 나쁜 미스샷도 있다. OB, 분실구, 벙커, 러프, 3퍼트 등……. 이것저것 빼고 나면 남는 것은 파플레이뿐이다.

　아무리 실력이 형편없는 골퍼라도 18홀을 돌고 나서 생각하면 적어도 2~3점, 많으면 4~5점까지 충분히 줄일 수 있었던 상황이 있게 마련이다. 이처럼 아마추어 골퍼에게는 하지 않아도 될 타구의 낭비(미스샷)가 얼마나 많은지 모른다. 그것을 "만일에……(If)"라는 가정법으로 몽땅 빼버린다면 오히려 실력 향상의 길을 가로 막는 결과가 될 뿐이다. 미스샷을 교훈으로 되새기지 못하고 불운의 탓으로 돌린다면……. 글쎄 그 앞날 훤합니다.

백스윙과 다운스윙 궤적을 같게 하라

골프에 나이 제한은 없다. 뜻이 있는 곳에 길이 있다고, 의지만 있으면 언제 시작해도 기술은 늘게 되고 즐겁기만 하다. 그러나 솔직이 말해서 애들에게는 쉽지만 어른들에게는 어려운 운동이다. 연습장에서 연습공을 치는 것처럼 골프가 단순히 장타력만을 과시하는 것이라면 그렇다는 말이다. 그렇지만 골프는 거리에도 목표에도 한정이 있다.

아무리 장타라도 지나치게 길면 소용이 없고, 타구마다 휘어도 목표 쪽으로만 가면 그것으로 족하다. 그래서 골프는 체력(유연성과 힘)과 두뇌가 겸비한 것이 가장 이상적이라고 한다. 말하자면 70 고령의 풍부한 경험과 판단력 그리고 인내심에 바탕을 둔 힘이 조화를 이루면 가장 이상적인 골퍼의 표상이다. 즉 노소가 공존하는 육체와 정신의 합작……. 이것이 바로 골프 게임이 요구하는 기본 요소다.

보다 멀리(거리), 보다 정확하게(방향) 공을 보낼 수 있는 것은 체력과 기량이지만, 코스를 공략하는 방법을 좌우하는 것은 골퍼의 머리다. 뿐만 아니라 골프는 심리적인 작용에 영향을 받는 부분이 많은 운동이다. 그렇기 때문에 스윙은 단순할수록 좋은 것이다. 코스를 공략하다 보면 심리적인 부담이나 압박감을 받는 요인들이 많지만, 이런 상황 속에서도 평소의 스윙을 할 수 있어야 한다. 스윙이 단순하다는 말은 백스윙 때 올라간 길을 따라 다운스윙이 돼야 한다는 말이다. 클럽 헤드를 똑바로 올렸다(백스윙) 똑바로 내려오는(다운스윙) 단순한 운동(스윙)만이 미스샷을 최소한으로 줄일 수 있다.

여자가 셋이 모이면 어쩌구 저쩌구……. 사람이 많이 모이는 공공 장소에서의 무질서와 매너의 부재가 문제된 것은 어제 오늘의 일은 아니다. 골프에 관심이 많은 어른들이 둘 이상 모이면 젊은 골퍼와 초보자들의 골프장에서의 작태를 걱정하면서 매너와 에티켓의 저하 내지는 부재를 한탄한다. 뿐만 아니라 국제 경기가 열릴 때마다 모여드는 관중(갤러리)들의 관전 태도에도 문제가 많다고 아쉬워한다.

매사가 그렇듯 알고도 안 지키면 가장 나쁜 것이지만, 몰라서 못 지킨다고 그 행위가 정당화될 수는 없다. 골프장에서 일어나는 크고 작은 사건(?)들은 매너에 대한 의식이 저하됐기 때문이 아니라, 골프의 매너가 어떤 것인지조차 모르고 골프장을 찾는 뱃심 좋은 골퍼들의 용기 있는(?) 행위 때문이다. 골프 인구의 급격한 증가로 옛날처럼 골프 선배가 후배에게 친절하게 골프의 모든 것을 가르쳐 주는 기회가 없어진 지 이미 오래다. 연습공 몇 알 치고 나서 골프장으로 직행하는 지금의 세태와는 격세지감이 있다. 이것도 속성화 풍조가 만들어낸 산물이다.

룰과 매너를 알지 못하는 초보자들끼리 선배의 지도도 없이 코스에 나가면 당연히 플레이는 느리고 코스 관리도 엉망이다. 벙커 속의 발자국도 그린 위의 공자국도 나 몰라라다. 된 소리 안 된 소리, 기성까지 질러대며 골프장 분위기를 오염시킨다. 목청 높은 사람이 골프장에서도 이기는 것일까. 드디어 캐디 구타 사건으로 발전한다. 아무리 골프가 똑같은 권리와 인격을 갖춘 개체(사람)끼리의 플레이라고는 해도 우리에겐 우리의 전통과 문화에 맞는 예의범절을 따라야 한다. 결코 남녀노소를 가리고 직위고하를 따지자는 것이 아니다. 우리 모두 어른을 공경하고 아랫사람을 사랑하는 골퍼가 되는 날 말썽 많은 매너, 에티켓의 문제는 해결될 것이다.

어프로치샷

Pitching & Chipping

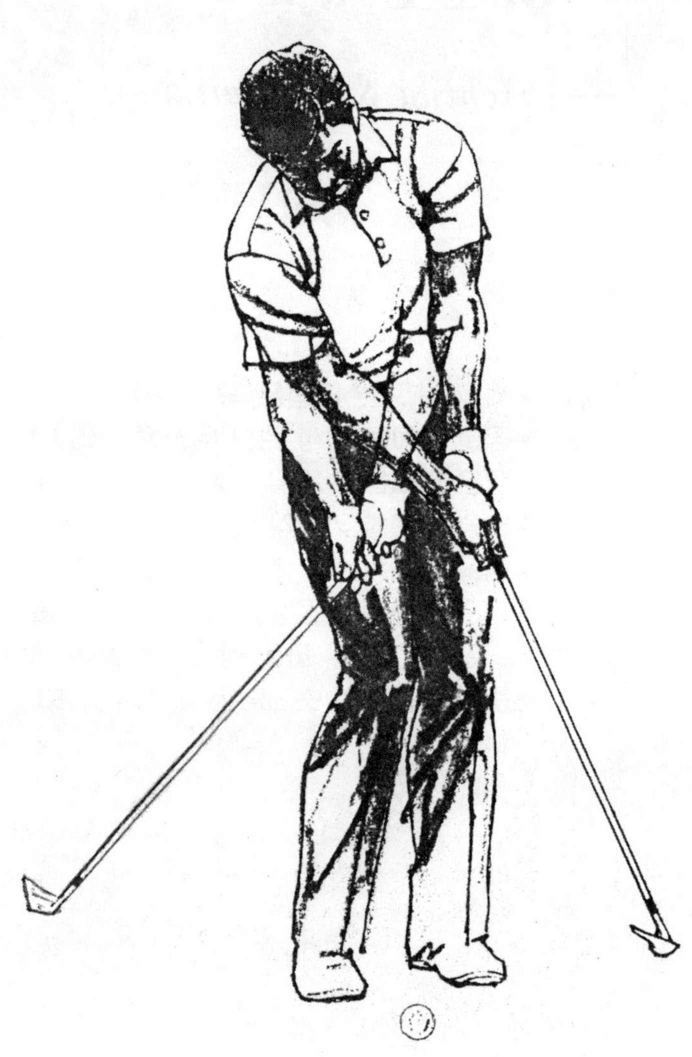

세 가지 기본 타법은 꼭 알아야

　어프로치샷은 공이 놓여진 상황이 천차만별이어서 이를 처리하는 타구 방법과 기술의 내용도 가지각색이다. 골프채가 14개 있다 해서 항상 공이 놓인 상태에 따라 그 타법도 달라져야 하는 것은 얼핏 생각하면 당연한 일이다.

　그렇다고 해서 그때마다 타법이 10~20종류가 있는 것은 아니다. 고작 2~3가지의 기본 타법을 응용한 변형으로 충분하다. 물론 14개의 클럽은 언제나 상황에 맞춰 쓸 줄 알아야 하지만, 일반 아마추어 골퍼는 어느 클럽이든 자기가 가장 좋아하는 클럽 하나만을 선택해서 쓰는 것도 현명한 방법이다.

　예를 들면 8번, 9번 아이언이나 피칭웨지…… 이 정도의 범위 안에서 한 개를 골라 이것만 잡으면 반드시 핀에 붙일 수 있다는 확신을 심어주는 클럽을 찾아내기 위해서다. 이때의 기본 타법 3가지는 꼭 알아야 변형된 타법도 구사할 수가 있을 것이다. 3가지의 기본 타법이란 피치샷(Pitch Shot), 피치 앤드 런(Pitch and Run), 그리고 러닝(Running)이다. 공을 높이 띄워서 멎게 하고, 반은 띄우고 반은 굴리고, 처음부터 굴리는 타법이 이것들이다.

　이상과 같은 3가지의 기본 타법이 스윙까지도 다른가 하면 그런 것은 아니다. 어떤 구질의 공도 타법은 같고 다만 공의 위치만 다를 뿐이다. 이런 식으로 생각해 보면 골프란 아주 단순하고 간단하다. 공은 왼쪽으로 치우칠수록 높이 뜨고, 오른발 쪽으로 놓을수록 굴러가게 된다. 물론 이것도 '직각의 원리'에서 비롯된 자연스러운 결과임을 잊어서는 안 될 것이다.

공의 위치는 항상 왼발 뒤꿈치 앞에

공을 뜨게 하는 것은 클럽이 대신 해 준다. 그러나 한 클럽으로 공을 뜨게도 하고 굴리게도 하는 타법은 있다. 그것은 로프트를 그대로 살리면서 활용하느냐 아니면 로프트를 죽여서 (클럽 페이스를 세워서) 쓰느냐에 따라 달라진다.

공을 왼쪽으로 놓을수록 로프트가 그대로 살아나서 공은 뜨고, 반대로 오른쪽으로 놓을수록 로프트가 죽어서 그만큼 공은 낮게 날아가게 된다. 즉 공을 오른쪽에 놓으면 어드레스 때 이미 클럽 페이스가 엎어지면서 로프트는 원래의 로프트보다 작아지게 된다.

공을 오른쪽에 놓고 때리면 특별히 잔 재주를 부리지 않는 한 클럽 페이스가 엎어진 상태에서 공을 맞히기 때문에 그 클럽이 갖는 본래의 구질보다 낮게 날아간다. 그래서 공중에 떠서 날아가는 거리(Carry)는 짧고 굴러가는 거리(Run)가 긴 것이 특징이다. 이와 반대로 공을 왼쪽에 놓고 때리면 높이 뜨지만 런이 짧은 구질이 된다.

스윙의 크기가 작은 어프로치샷 때 공의 위치를 조금만 바꿔도 공은 뜨거나 굴러가는 구질로 바뀐다. 평소의 타구가 다른 사람보다 높이 뜨는 것은 공이 지나치게 왼쪽으로 치우쳐 있을 때가 많다. 다운스윙 때 체중 이동이 자연스럽게 이뤄지는 사람은 어떤 클럽을 쓰더라도 공을 왼발 뒤꿈치 앞에 놓는 것이 정상이다.

짧은 거리는 손목을 꺾지 않아야

장타의 비결 중에 체중 이동의 폭이 커야 한다는 것이 있다. 물론 스윙축이 흔들리지 않는다는 전제에서다. 그러나 결정적으로 마지막 목표(그린)를 향해 때리는 어프로치샷은 스윙축이 움직이지 않아야 목적을 달성할 수 있다. 중심축이 움직이면 공을 맞히는 위치나 클럽 페이스의 방향, 더욱이 클럽 헤드의 로프트까지도 달라지기 때문에 그만큼 정확성이 떨어진다.

공은 체공 시간이 긴 구질일수록 멀리 날아가지만, 어프로치샷은 이와 반대로 체공 시간이 짧아야 안전하다. 그 대표적인 타법이 굴려치기다. 공을 굴려칠 때는 스탠스의 폭을 좁게 하고 체중을 왼발에 놓는 것이 더욱 중요하다. 극단적으로 말하면 왼발에 체중이 몽땅 실려 있어도 된다. 왼발에 체중을 얹고 백스윙 때 체중 이동을 하지 않으면 스윙축이 흔들리지 않는다. 오른발은 왼발에 맞춰서 몸 전체가 안정성을 잃지 않을 정도로 적당히 벌리면 그만이다.

또 한 가지 중요한 것은 삼각형의 원리를 지키는 일이다. 어드레스 때 두 어깨와 그립 사이에 만들어진 삼각형은 크든 작든 스윙이 끝날 때까지 무너지지 않아야 한다. 이 삼각형을 무너지지 않게 하는 요령은 손목을 꺾지 않는 것이다. 스윙이 작을수록 손목을 꺾지 않아야 방향이 정확해진다. 그 대표적인 예를 퍼팅에서 찾아볼 수 있다. 짧은 거리에서의 어프로치샷도 퍼팅 때처럼 손목을 꺾지 않아야 삼각형이 끝까지 유지되고 스윙이 단순하면서 방향이 정확해진다.

스윙 템포를 가급적 느리게 하라

　호쾌한 드라이버샷과 대조를 이루는 것이 부드럽게 띄워 치는 어프로치샷이다. 골프는 페어웨이를 지배하는 자만이 게임에 이길 수 있고, 가볍고 부드러운 어프로치샷을 할 줄 알아야 그린을 지배하는 골퍼가 될 수 있는 것이다. 부드러운 공이란 클럽 헤드의 무게를 이용한 타구가 가볍게 떠올랐다 천천히 떨어지는 구질의 공을 말한다. 피칭웨지나 샌드웨지 같은 로프트가 많은 클럽으로 친 공이 높이 떠서 날아가다 그린에 떨어지면 바로 멎는 구질의 공을 말한다.

　누구나 이런 공을 치고 싶어하면서도 제대로 되지 않는 것은 무엇 때문일까……. 그것은 피치샷에서 가장 중요한 스윙 템포를 맞추지 못하기 때문이다. 피칭웨지나 샌드웨지는 14개의 클럽 중에서 가장 무거운 클럽이기 때문에 힘껏 휘둘러보고 싶은 충동이 일어나게 된다. 그렇지만 힘있게 휘두른 타구가 절대로 부드러운 공이 될 수는 없다. 이것을 가능케 하는 것은 스윙 템포지만, 가급적 느린 템포로 공을 치면 환상적인 구질이 되는 것이다. 이것이 어프로치샷이다.

　이런 웨지샷의 기본은 백스윙 때 위로 올라간 클럽 헤드가 되도록 늦게 내려와야 클럽 헤드의 무게를 이용한 타법이 된다. 이것은 마치 물이 담긴 물통을 두 손으로 잡고 좌우로 흔들 때의 이치와 같다. 물이 담긴 물통은 빨리 흔든다고 흔들어지지 않는다. 물통의 무게를 이용해서 천천히 흔들면 물통은 부드럽게 흔들어진다. 이것이 바로 부드러운 공을 칠 수 있는 어프로치샷의 원리고 요령인 것이다.

공을 굴려치는 방법을 익혀라

우리 나라에도 1년이면 몇번(2~3회) 외국 선수들이 몰려오는 오픈 경기가 있다. 이런 기회에 가끔 보게 되는 일이지만 40~50야드 밖에서 벙커를 사이에 둔 어프로치샷이 핀에 달라붙거나, 높이 솟아오른 공이 그린 위에 떨어지면 백스핀까지 걸려서 한 발이나 뒤로 끌리는 그야말로 프로 골퍼가 아니면 할 수 없는 기막힌 타구를 보게 된다.

이와 같은 환상의 타구를 흉내라도 내고 싶은 아마추어 골퍼가 많지만, '선무당 사람잡는다'고 쉽게 흉내낼 것은 못 된다. 자칫하면 뒤땅치기가 일쑤다. 이처럼 백스핀이 걸리는 피치샷은 한 치의 오차도 없이 공 바로 뒤를 맞힐 수 있어야 한다.

그렇기 때문에 완벽한 피치샷을 위해서는 공을 굴려치는 방법을 제대로 할 줄 알아야 한다. 말하자면 피치샷은 굴려치기(Running Approach)의 응용인 셈이다. 골프에서 퍼팅이 중요한 것처럼 굴리는 타법을 반드시 배워야 한다. 피치샷처럼 하늘 높이 뜨는 공보다는 안전하기 때문이다. 높이 떠오른 공은 바람의 영향을 받게 되고, 낙하 지점에 오차가 생기면 엉뚱한 곳으로 튀어나가는 때가 많은 위험한 타구가 된다.

그런 점에서 굴러가는 공은 바람 같은 것을 의식하거나 계산할 필요가 없다. 공을 굴려치면 만일 실수를 해도 공은 목표 지점으로 굴러간다. 더욱이 타법상의 실수란 거의 없다고 해도 과언이 아니다. 그린 주변에서의 어프로치샷은 굴리는 것을 먼저 생각하라.

굴려칠 때는 오른발을 앞으로……

띄워치기와 굴려치기의 기본적인 요인은 공의 위치에 따라 결정된다. 공을 띄울 때는 손목을 쓰고(Cocking) 굴릴 때는 손목을 쓰지 않는 것도 구질을 결정짓는 요인으로 작용한다. 이때 중요한 역할을 하는 것은 오른발이다.

숏게임에서 왼발은 기둥발(고정축)이기 때문에 스윙의 크기에 따라 오른발을 앞으로 내놓거나(Open Stance) 뒤로 끌어서(Closed Stance) 그때 그때의 상황에 대처하게 된다. 공을 띄우기 위해서는 손목을 써야 하지만, 이때 오른발이 앞으로 나와 있으면 스윙에 방해가 된다. 이런 의미에서는 오른발이 왼발과 평행이 되는 스퀘어 스탠스가 좋다. 반대로 굴려치기는 손목을 꺾지 않기 때문에 백스윙은 작아질 수밖에 없다. 그래서 오른발을 앞으로 놓는 오픈 스탠스가 바람직하다. 오픈 스탠스는 목표를 좀더 쉽게 볼 수 있는 이점도 있다. 이때 오른발을 앞으로 놓고 오른쪽 무릎을 왼발 쪽으로 조이면 왼발에 체중이 실려서 스윙축이 안정된다.

물론 오픈 스탠스는 나름대로의 이점은 있다. 그러나 이것을 잘못 이해하고 있는 골퍼가 많다. 공의 위치와 목표와의 방향 설정이 잘못 돼 있는 것이다. 숏게임에서도 '직각의 원리'를 지키는 스퀘어 스탠스가 바람직하다. 그러면 두 어깨, 허리, 무릎의 선도 목표선과 평행을 이루게 된다. 물론 클럽 페이스가 목표와 직각이 되는 것은 당연한 일이다.

아마추어 골퍼에게 흔히 볼 수 있듯이 공이 오른발 끝 밖으로 빠져 있거나 어드레스 때 그립 끝이 왼쪽 몸 밖으로 빠져 있는 오픈 스탠스의 흉내(?)는 잘못된 것임을 알아야 한다.

어떤 스윙도 두 팔의 삼각형이 정석

어떤 클럽을 잡아도 스윙은 항상 같아야 한다고 했다. 탄도는 높아도 런(Run)이 적은 피치샷(Pitch Shot)도, 그린 근처에서 굴려치는 칩샷(Chip Shot)도 스윙 자체는 다른 것이 하나도 없다. 이것은 타구의 높낮이에 따라 스윙이 달라지는 특별한 타법이 있는 것은 아니라는 말이다. 타구의 높이는 클럽의 로프트가 결정해 준다. 같은 스윙이라도 로프트가 큰 피칭웨지나 샌드웨지를 사용하면 공은 높이 뜨고 땅에 떨어지면 많이 굴러가지 않는 것이 다를 뿐이다. 로프트 이상으로 높이 뜨게 하거나 반대로 낮게 굴러가게 할 수는 있지만, 이것은 어디까지나 응용 기술의 분야에 속하는 것이지 기본 타법은 아니다.

피치샷이나 칩샷도 공의 위치는 일정하고 어드레스 때 스퀘어 스탠스를 강조하는 것도 이 때문이다. 말하자면 이것이 스윙의 기본인 것이다. 기본을 알고 나서 공의 위치를 바꾸거나 오픈 스탠스를 취해서 로프트에 변화를 주는 타법을 응용하는 것이 기술 습득의 순서다. 어프로치샷의 스윙은 드라이버샷 때의 스윙을 그대로 줄인 것이다. 백스윙 때 어깨, 팔, 무릎이 움직이는 것도 풀스윙 때와 하나도 다르지 않다.

숏어프로치라고 해서 손목을 빨리 꺾을 필요도 없다. 어깨와 두 팔 사이의 삼각형을 그대로 유지한 채 백스윙을 하는 것도 풀스윙 때와 똑같다. 숏게임 때 허리와 무릎은 많이 움직이지 않지만, 그렇다고 의식적으로 고정시킬 필요까지는 없다. 어쨌든 스윙은 한 가지고 크기만 달라질 뿐이다.

순간적 감각이 숏게임 성패 좌우

골프는 무엇보다도 감각적이어야 한다고 했다. 그렇지만 시종 일관 감각 일변도의 플레이를 하게 되면 스윙(타구)의 기본 요소인 어드레스와 스탠스의 안정성을 무시하게 되는 잘못을 저지르게 된다. 그러면서도 그린 근처에서의 어프로치샷이나 그린 위의 퍼팅만큼은 감각이 살아나야 성공 확률은 높아진다. 물론 이때의 감각이란 '거리감'을 말한다. '감각'이란 말 그대로 뚜렷한 기준이나 확실성은 없어도 몇 가지 기본 사항을 지키면 어김없이 성취되는 그런 것이다.

숏게임은 스윙이 크지 않기 때문에 몸이 좌우로 흔들릴 불안은 없고, 다만 핀(홀컵)까지의 거리만을 생각하면 된다. 그러나 자칫하면 핀 자체에 눈이 쏠려서 불필요한 헤드업을 일으켜 미스샷이 되기 쉽다. 공과 핀 사이에 몇 개의 상황을 설정하면 이것을 머리 속으로 상상하고 자기만의 세계(공격 루트)를 만들어 시도해야 성공률은 높아진다.

모든 타구가 기본과 원리에 따라야 하지만, 숏게임만큼은 때로는 정도에서 벗어난 시한부(1회용) 공격 방법으로도 충분할 때가 있다. 구태여 정공법이 아니라도 상관할 바 아니다. 그 상황, 그 위치에서만 반짝하고 살아나는 순간적인 감각이 최선의 결과를 낳는 경우가 있기 때문이다. 이처럼 숏게임은 기술만으로는 해결할 수 없는 상황이 일어나게 된다. 그렇기 때문에 숏게임(어프로치샷, 퍼팅)에서는 무엇보다도 상상력(Imagination)을 잘 살려야 한다고 했다. 갖가지 상상의 나래를 펴서 이를 성취할 때 숏게임의 왕좌에 오르게 될 것이다.

프로 골퍼뿐만 아니라 아마추어 골퍼에게도 자기 나름대로의 기록은 있다. 홀인원처럼 공인되는 기록이 있기도 하고, 때로는 가슴 깊이 묻어 놓은 채 다시는 되풀이하지 않는 교훈으로 삼아야 할 통한의 기록도 있다. 이처럼 기록이라고 다 좋은 기록만 있는 것은 아니고 뼈에 사무치는 최악의 기록도 있다.

◆ 1938년 US오픈 때의 일이다. 체리힐스 CC의 16번홀은 그린 앞 왼쪽에 개울이 있다. 레이 엔주리의 어프로치샷은 그린 앞 개울 속으로 빠졌다. 차라리 물이 깊으면 포기할 수도 있었지만, 공은 물이 얕은 곳에 있었기 때문에 그냥 치기로 작정했다. 아무리 쳐도 공은 물 속에서 빠져 나오지 않았다. 가까스로 물 속에서 빠져 나온 것은 14타만에였고 홀아웃을 할 수 있었던 것은 19타째였다. 이래서 이 기록은 US오픈의 진기록으로 아직까지 깨지지 않고 있다.

◆ 1980년 마스터스…… 엄격한 심사를 거쳐 초청되는 명인들(Masters)의 골프 잔치다. 오거스타 내쇼날 GC의 12번홀은 짧은 파3의 홀이다. 첫날(1R) 톰 와이즈코프의 티샷은 그린 앞 물 속에 빠졌다. 규칙에 따라 개울 뒤에서 다시 쳤지만 이번에도 공은 물 속으로…… 이렇게 해서 4번씩이나 물 속에 집어넣은 와이즈코프는 겨우 13타만에 홀아웃할 수 있었다. 다음날(2R)도 이 홀에서 두번이나 물 속에 집어넣은 와이즈코프의 스코어는 7을 기록, 이렇게 해서 예선 탈락이라는 비운을 맞게 된다.

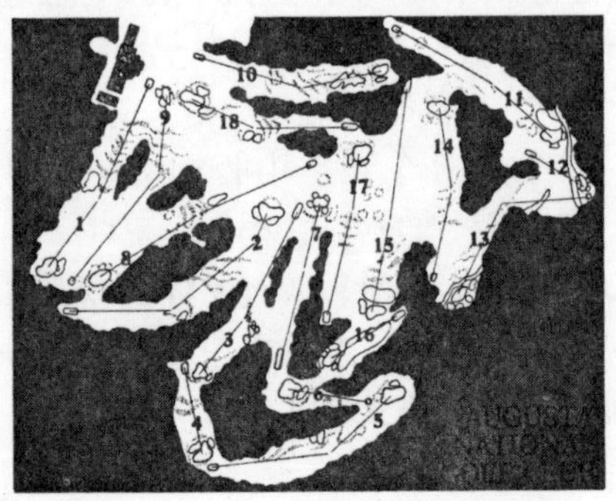

벙 커 샷
Sand Play

벙커 공포증은 자신감 결여에서……

　앞으로 일어날지도 모를 좋지 못한 결과 때문에 미리 겁부터 집어먹는다면 결코 그 결과가 좋을 리는 없다. 티샷을 비롯해서 제2타 제3타…… 가까스로 어려운 몇 고비를 넘어 그린 근처까지 왔다.

　다음은 그린까지의 짧은 어프로치샷만 남아 있다. 그런데 그린 앞에는 큰 벙커가 입을 벌리고 있다. 마치 공이 들어오기를 기다리고 있는 것처럼……. 이런 상황에 직면하면 누구도 마음의 안정을 잃게 될 것이다. 그러나 아직 공을 치기도 전에 공이 벙커 속으로 빠지는 것 같은…… 이런 피해망상은 벙커 공포증 때문에 일어나게 된다. 이런 공포와 피해망상은 자신감의 결여에서 오는 집중력과 결단력의 부족에서 오게 된다.

　아무리 대담하고 기술이 뛰어난 프로 골퍼라도 이런 때 어려움을 겪는 것은 마찬가지다. 이런 상황에서는 우선 그린에 올리는 것만으로 만족해야지 핀에 붙이려는 생각은 버려야 한다. 아마추어 골퍼가 평소의 실력을 그대로 발휘해도 어려운 국면인데 핀에 붙이는 것은 아무래도 고도의 기술이 요구된다.

　그렇다고 나쁜 결과를 미리 예측하는 것은 더욱더 나쁜 일이고, 가장 바람직한 방법은 벙커가 눈앞에 있어도 전혀 의식하지 않는 일이다. 핀 좌우 어느 쪽이나 올리기 쉬운 곳을 택해서 공략하면 다소 거리나 방향에 차질이 있어도 공은 틀림없이 그린 위로 올라갈 것이다.

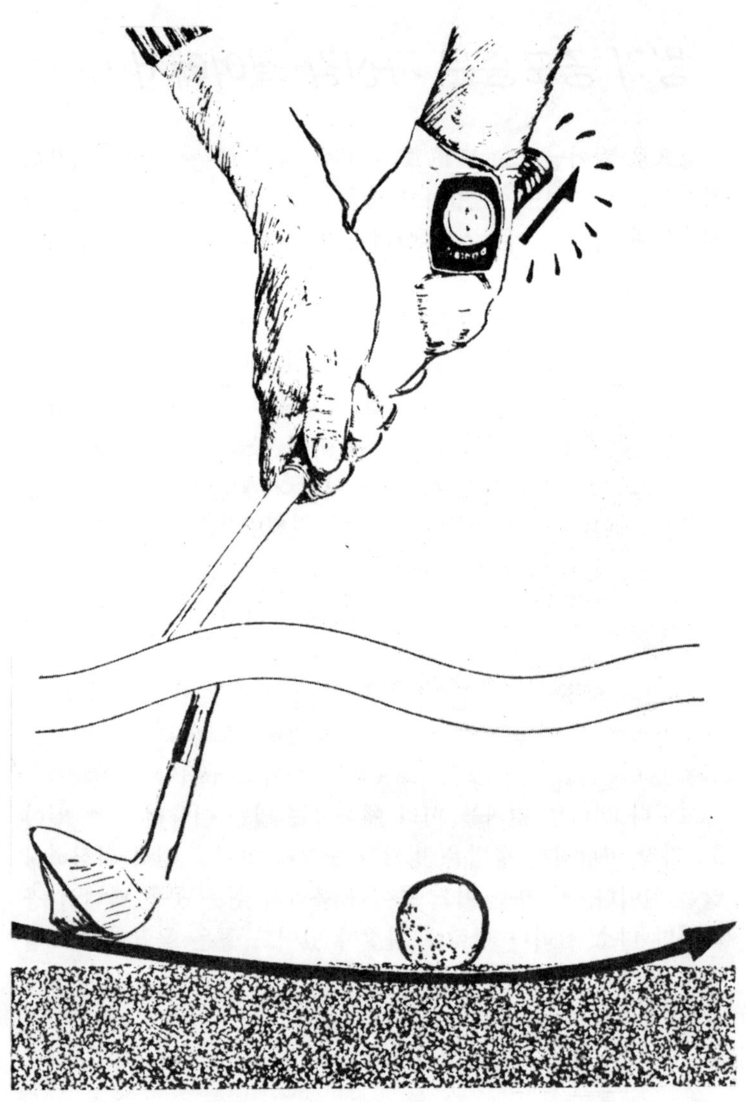

그립 짧게 잡고 모래 스치듯 벙커샷

산 정상에 오르는 길이 여러 갈래이듯 한 지점에서의 타구 방법에도 여러 가지가 있다. 일반적으로 벙커샷은 공 뒤 모래를 쳐야 한다고 하지만, 비록 벙커샷이라 해도 공을 직접 맞혀야 한다는 이론도 있다. 그래야 클럽 페이스와 공 사이에 이물질 (모래)이 끼여들지 않아 방향도 거리도 조절하기가 쉽다는 것이다.

벙커샷의 생명은 겨냥한 지점에 클럽 페이스를 떨어뜨리는 것이지만, 이것은 부단한 연습을 통해서만 얻어지는 결과다. 공 뒤 일정한 지점에 클럽을 박을 수 있으면 공을 직접 맞히는 방법도 쉽게 터득할 수 있을 것이다. 이때 공을 직접 맞힌다고는 해도 모래를 전혀 건드리지 않는다는 말은 아니다. 되도록 모래를 얇게 떠낸다는 뜻이다. 모래를 적게 떠낼 때 필요한 것은 그립을 평소보다 짧게 잡는 것이다. 비교적 힘이 약한 사람이 핀까지의 거리가 길 때 활용할 수 있는 가장 효과적인 방법이다. 그립을 짧게 잡고 페어웨이에서의 어프로치샷처럼 공을 맞히면 공은 쉽게 벙커에서 빠져 나간다.

이것은 기술도 아니고 힘도 아니다. 약간의 요령만 알면 누구나 할 수 있는 평범한 타법이다. 그렇지만 일반 골퍼는 클럽을 짧게 잡는 데 매우 인색하다. 왜 긴 것을 짧게 잡으면서까지 손해(?)를 볼 이유가 없다는 논리다. 그러나 절대로 안심해도 좋다. 타구는 클럽 헤드 중심(Sweet Point)으로 공을 맞혔을 때 공은 가장 멀리 정확한 방향으로 날아간다. 이 두 가지 조건(거리와 방향)을 충족시킬 수 있는 것이 바로 그립을 짧게 잡는 것이다.

벙커샷 때릴 때는 가벼운 마음으로

수준급의 아마추어 골퍼나 프로 골퍼가 농담삼아 하는 "초보자는 벙커샷을 제일 잘한다"는 말의 참뜻을 바르게 이해해야 할 것이다. 이것은 초보자가 유별나게 벙커샷 기술이 뛰어나서가 아니라, 초보자 시절에는 티 위에 올려 놓은 공을 때려도 뒤땅을 치기 때문에 뒤땅치기가 정공법인 벙커샷을 빗대서 하는 말이다.

초보자의 전매 특허 같은 미스샷인 뒤땅치기가 그대로 벙커에서 일어난다면 그야말로 안성마춤이지만…… 벙커샷은 이것을 역이용하자는 것이다. 애써 모래를 얇게 떠내야지 하고 지나치게 신경을 쓰면 터무니없이 먼 지점을 때려서 곱배기 뒤땅(?)을 치게 되고, 손 끝으로 잔재주를 부리면 이번에는 토핑이 되고 만다.

그렇기 때문에 벙커샷이라고 별난 타법이 있다고 여기는 지나친 생각은 금물이다. 단지 샌드웨지로 공을 직접 때린다는 가벼운 기분이라면 공은 영락없이 벙커에서 빠져 나오게 된다. 이렇게 가벼운 마음으로 벙커샷을 생각하면 클럽 헤드가 무겁기만 하던 샌드웨지가 오히려 가볍게 느껴져서 모래를 때려도(뒤땅치기) 공은 높이 튀어오를 것이다. 요는 벙커도 골프 코스의 일부분인데 지나친 생각은 하지 말자는 것이다.

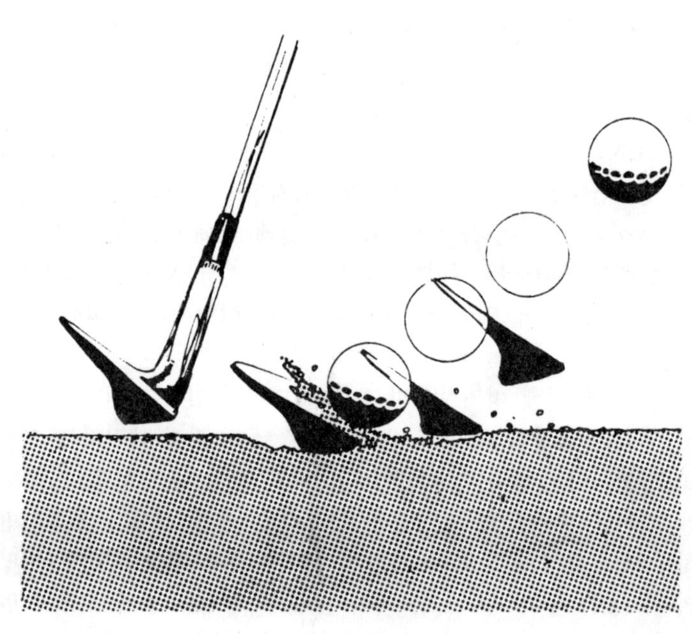

벙커샷은 모래의 저항을 고려해야

　거리감. 말로는 이해할 수 있어도 실제로 이해하기 어려운 것이 '거리감'이다. 거리감은 매우 골치 아픈 일면도 있지만, 맞으면 좋고 안 맞아도 그만인 것이 거리감이다. 흔히 골프는 감각적이어야 한다고 말하지만 거리감도 감각의 한 부분이다. 물론 감각이란 사람마다 다르지만 '거리감'을 익힐 수만 있으면 이처럼 편한 것도 없다. 거리감이란 과연 어떤 것이고 어떻게 잡는 것일까…….

　벙커샷의 거리감을 잡는 방법은 대개 3가지 유형으로 요약할 수 있다. 하나는 숏게임과 마찬가지로 백스윙의 크기로 거리감을 잡는 방법이다. 두번째는 클럽 헤드의 스피드로 거리 조절을 하는 것이고, 세번째는 모래를 떠내는 분량으로 거리를 결정한다는 정도다. 아무 생각 없이 아이들이 갖고 노는 공놀이에서도 상대방에게 공을 던질 때에는 여러 가지 방법의 거리감을 생각해서 던지게 된다. 거리가 가까우면 슬쩍 던져도 되지만 거리가 멀면 힘껏 던지지 않으면 안 된다. 이런 식으로 거리를 조절하게 되지만, 대기는 눈으로 확인하는 시각적인 판단에 의해서 거리감을 잡으면 크게 틀리는 일은 없다. 100야드 미만의 어프로치샷이나 퍼팅의 거리감이라면 그것으로 충분하다.

　그렇지만 문제는 공을 직접 맞히지 않는 벙커샷에서는 모래의 저항에 따른 판단 기준쯤은 미리 알아둬야 한다. 이를테면 20야드의 벙커샷(익스플로전샷)은 퍼어웨이샷의 3배인 60야드에 해당하는 힘이 필요하다. 그만큼 모래의 저항은 큰 것이다. 또 벙커샷은 모래의 폭발에 의해 공을 꺼내는 것이기 때문에 큰 힘이 필요한 것은 당연한 일이다. 남은 일은 손으로 물건을 던질 때처럼 눈에 보이는 힘의 가감이 공의 거리를 결정해 줄 뿐이다.

벙커샷 땐 공 뒤 모래를 때려라

　벙커샷의 어드레스 자세는 기본적으로는 어프로치샷의 그것과 크게 다른 것은 없다. 핀과 공을 연결하는 목표선보다 약간 왼쪽을 보고 서고(Open Stance) 클럽 페이스의 밑선(Leading Edge)을 목표선과 직각이 되게 놓는다. 스퀘어 스탠스 때 왼발 뒤꿈치 앞에 놓은 공은 오픈 스탠스가 되면 자연히 몸 가운데에 놓이게 된다. 다운스윙 때 클럽 헤드는 몸이 향한 선을 따라 (목표 왼쪽) 내려오는 아웃사이드인(Outside-to-In)의 궤도가 되어 오른쪽 회전이 걸려서 그린에 떨어진 공은 많이 굴러가지 않는다. 여기까지는 어프로치샷과 똑같다. 그러나 벙커샷의 경우 스탠스는 모래 위에 있기 때문에 불안정해지기 쉽다. 이것을 보완하기 위해 발을 모래 속으로 다져 넣지만 그만큼 그립은 짧게 잡아야 한다. 이것을 잊어버리면 뒤땅의 뒤땅을 치게 되어 (벙커샷은 원래 뒤땅치기 타법이다) 공은 벙커 속에서 빠져 나오지 않는다.

　그렇지만 벙커샷이 어프로치샷과 크게 다른 것은, 어프로치샷은 리딩 에지로 잔디를 자르듯 공을 직접 때리지만 벙커샷은 클럽 헤드 뒤에 붙어 있는 혹(Flange)을 이용해서 공 뒤 모래를 때린다. 만일 벙커샷에서 클럽 페이스의 밑선을 모래 속에 박으면 클럽 헤드가 모래 속으로 깊이 들어가서 모래의 폭발은 일어나지 않는다. 그러나 클럽 헤드의 혹으로 먼저 모래를 때리면 클럽 헤드는 미끄러지듯 모래 속으로 파고 들어가면서 모래를 폭발시켜 공을 빼내게 된다. 이렇게 클럽 헤드가 쉽게 모래 속으로 들어가게 하기 위해서는 어드레스 때부터 혹이 밑으로 내려오도록 하면 된다. 이것이 바로 클럽 페이스를 젖히는 오픈 페이스(Open Face)이다.

앞턱이 높은 벙커에선 공을 띄워라

여성 골퍼들이 가장 싫어하는 타구는 벙커샷이다. 한 방으로 벙커에서 탈출하려고 무진 애를 다 쓰지만 좀처럼 공은 빠져 나오지 않는다. 이것은 타법의 요령을 제대로 이해하지 못하는 데 그 원인이 있겠지만, 심장(배짱)이 약한 것도 문제가 된다. 벙커샷은 공을 직접 치지 않고 모래의 폭발력을 이용하는 타구이기 때문에 자연히 스윙이 커지게 된다.

그러나 스윙을 크게 했다가 공을 직접 맞히면 홈런이 되는 것이 두려워서 클럽을 마음 놓고 휘두르지 못하고 만다. 이런 공포 때문에 처음부터 백스윙을 작게 해서 손 끝만으로 긁어 올려 치게 되어 공은 빠져 나오지 못한다. 벙커에서의 탈출과 거리감은 폴로스루가 있는 타법에서만 가능하다고 했다.

가까운 거리에서는 폴로스루를 낮게, 멀 때는 폴로스루를 높게 하는 것도 거리 조절의 요령이다. 또 같은 거리에서도 굴려 칠 때는 낮게, 띄워칠 때는 높게 하고, 요령도 일반 페어웨이샷과 마찬가지다. 백스윙의 크기로 거리 조절은 할 수 있지만, 그것을 보다 쉽게 해주는 것이 폴로스루의 크기이다. 폴로스루를 작고 낮게 하기 위해서는 백스윙도 자연히 작게 해야 하고, 반대로 폴로스루를 크게 하기 위해서는 백스윙을 크게 해야 한다. 특히 앞턱이 높은 벙커에서 탈출하려면 공을 높이 띄워야 되지만, 이때에도 언덕 높이에 맞춰 폴로스루를 높게 해야 하는 것이 요령이다. 또 앞턱이 낮으면 낮은 대로 그 높이에 맞춰서 폴로스루의 높이를 조절하면 된다. 거리 조절은 백스윙의 크기와 폴로스루의 높낮이를 적절히 혼용해서 활용할 수 있을 때 비로소 완성될 수 있고, 그러면 벙커에 대한 두려움은 살아지게 될 것이다.

경사진 벙커샷 때 지면 낮은 쪽에 중심

벙커라고 경사진 곳이 없는 것은 아니다. 페어웨이처럼 판판한 곳에서조차 치기 어려운 것이 벙커샷인데, 설상가상으로 벙커가 경사져 있다면 그 어려움은 더 한층 가중된다.

벙커의 경사는 왼발 쪽이 낮은 경우와 왼발 쪽이 높은 오르막 경사가 있다. 경사진 벙커에서 중요한 것은 무엇보다도 페어웨이샷과 마찬가지로 경사면에 맞춰 서야 하는 것이다. 대개의 아마추어 골퍼가 경사진 벙커에서 경사와는 반대로 서고 있는데 이것은 잘못된 자세다. 왼발 쪽이 낮으면 중심이 왼발에 있지 않으면 안 된다.

벙커샷 때 스탠스는 오픈 스탠스가 되기 때문에 공은 왼발 뒤꿈치 선상보다는 몸 안쪽(오른쪽)으로 놓이게 된다. 또 스윙 궤도 자체도 경사면에 맞춰서 낮게 휘두르는 것이 자연스러운 스윙이다. 그러기 위해서는 평지의 벙커에서보다도 손목을 빨리 꺾어서 목표선 밖으로 들어올리고, 폴로스루도 경사면에 맞춰서 낮게 해야 한다.

물론 클럽 헤드를 떨어뜨린 지점은 일반 벙커샷 때와 마찬가지지만, 클럽 헤드를 모래 속에 박을 때 손목의 힘은 완전히 빠져 있지 않으면 안 된다. 왼발 쪽이 낮은 벙커란 대개 그린 뒤편에 있고 턱이 높지 않은 것이 특징이다. 이런 경우 웬만큼 거리가 있을 때를 제외하고는 공을 때리고 나서 폴로스루를 높게 할 필요는 없다. 그렇지만 제법 거리가 먼 다운슬로프(왼발이 낮은)의 벙커샷은 폴로스루를 높게 하지 않으면 기대하는 만큼의 거리가 나지 않는다는 것도 잊어서는 안 되는 요령 중의 하나다.

거리 조절시 폴로스루는 필수적

티 위에 공을 올려놓고 쳐도 되는 티샷은 비교적 쉽게 느껴지고, 모래 구덩이에 빠진 공을 쳐내는 벙커샷은 일반적으로 어렵게 생각하는 것은 당연한 일이다. 이렇게 어렵게만 여겨지는 벙커샷도 어느 정도 시련을 겪고 나면 그럭저럭 벙커에서 공을 빼낼 수 있는 단계에 이른다. 그러나 욕심은 끝이 없는 것이어서 드디어 거리까지 맞추는 일만 남게 된다.

벙커샷의 거리 조절에는 일반적으로 두 가지 방법이 있다. 하나는 모래를 떠내는 분량으로 거리를 조절하는 방법이다. 클럽을 모래 속에 깊이 박으면 모래가 두껍게 떠지면서 모래의 저항을 많이 받게 되어 공은 멀리 날아가지 않는다. 반대로 클럽을 모래 속에 얕게 박아서 모래를 얇게 떠내면 모래의 저항은 적어서 그만큼 공은 멀리 날아가게 된다. 한편 클럽 헤드를 박는 위치와 각도를 일정하게 하면서 스윙의 크기로 거리를 조절하는 방법이 있다.

이 두 가지 방법 중에서 모래를 떠내는 양으로 거리를 조절하는 것은 웬만큼 숙련을 쌓지 않으면 도저히 할 수 없는 고도의 기술이 필요하다. 그렇기 때문에 일반 골퍼에게는 아무래도 스윙의 크기로 거리 조절을 하는 편이 무난할 것이다. 물론 무턱대고 클럽 헤드를 모래 속에 처박는다고 거리 조절이 되는 것은 아니다. 백스윙의 크기로 벙커샷의 거리를 조절할 때도 반드시 필요한 것은 폴로스루다. 어떤 타구에서나 클럽 헤드의 스피드를 가감하지 않으면 안 되기 때문에 클럽 헤드를 모래 속에 박기만 하고 빼내지 않으면 공은 나오지 않는다는 것을 잊어서는 안 된다.

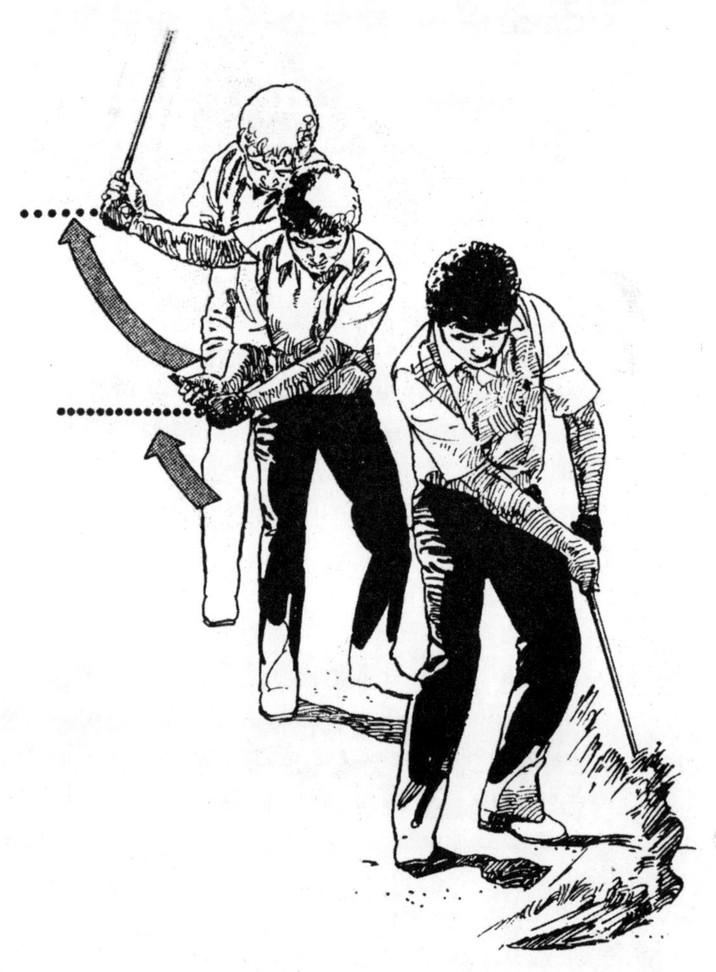

벙커샷 땐 관절의 힘을 풀어 줘라

　벙커샷처럼 쉬운 것은 없다. 그것은 골프샷 중에서 공을 직접 치지 않아도 되는 유일한 타구이기 때문이라는 말로 벙커샷의 특징을 설명하기도 한다. 또 벙커샷은 초보자가 쉽게 (어렵지 않게) 칠 수 있는 타구라고도 한다. 이것은 일반적으로 초보자의 스윙 궤도가 목표선 밖에서 안으로 들어오는 아웃사이드인(Outside-to-In)이라서 붙여진 말이다.

　이런 비유에 불과한 말들은 일반 골퍼에게 벙커 공포증에서 해방되라는 교훈으로 이해하면 좋을 것이다. 초보자 시절에는 겁없이(?) 클럽을 휘두를 수 있어서 그럭저럭 공을 맞힐 수 있다가도 조금만 멋을 부리기 시작하면 뜻하지 않은 미스샷이 나오게 된다. 이런 미스샷은 공포를 낳고 공포는 자신감을 잃게 한다. 이렇게 해서 불안이 쌓이면 몸이 굳어지고 마는…… 지극히 당연한 악순환을 자초하게 된다.

　무엇보다도 벙커샷은 근육을 푹 풀어주는 것이 선결 문제다. 벙커샷은 다른 타구와 달라 장타를 날릴 필요가 없기 때문에 힘을 넣어서도 안 되고 또 넣을 필요도 없다. 오히려 거리가 나지 않도록 신경을 써야 한다. 그것은 관절을 풀어주는 (힘을 빼는) 일이다. 드라이버샷처럼 클럽 헤드의 스피드를 가속시키는 데 힘을 집중시키려면 몸 각 부분에 어느 정도 힘이 들어가야 하는 것은 사실이다.

　그러나 벙커샷은 얼마만큼 공의 거리를 억제하는가에 성패가 달려 있다. 그러기 위해서는 뼈 마디마디(관절)의 힘을 완전히 빼고 편안한 자세로 어드레스를 해야 한다. 관절의 나사(힘)를 풀어서 여유 있는 스윙을 하는 것이 벙커샷의 요령이다.

벙커샷 공포 벗어나는 길은 연습뿐

벙커샷만큼은 자신 있다고 호언장담하는 사람이 하나도 없다. 그러나 골프 코스 18홀 속에는 적어도 90개, 많으면 120개가 넘는 벙커가 페어웨이와 그린 근처에 널려 있어 이것만 정복하면 스코어가 좋아지는 것은 말할 것도 없다. 즉 스코어를 줄이는 열쇠는 벙커샷에 달려 있다고 해도 지나친 말은 아니다. 벙커샷이 어렵다고 벙커를 기피해서는 안 되고, 오직 반복되는 연습만이 벙커 공포증에서 벗어나는 길이다. 벙커샷이 결코 어려운 것은 아니다.

샌드웨지의 기능(큰 로프트와 두터운 밑바닥)을 이용한 타법을 터득하면 벙커샷도 일반 타구와 마찬가지다. 회심의 티샷이나 결정적인 어프로치샷이 벙커 속으로 들어가면 모처럼 즐거운 골프가 잡치게 된다. 이 기분은 이해하지만 그럴수록 벙커와 친숙해져야 한다.

또 벙커 속에서는 스탠스가 불안정하기 때문에 상체의 움직임이 잘못 되기 쉽고 그러면 이것이 미스샷의 원인이 된다. 더욱이 하체가 흔들리면 목표 지점에 클럽 헤드를 떨어뜨릴 수 없게 되어 차라리 손과 팔만으로 치는 것만도 못한 결과가 된다. 벙커샷은 공 뒤 어느 지점에 정확하게 클럽 헤드를 떨어뜨리는 타구인 것이다.

벙커샷 기본 기술은 익스플로전샷

벙커샷의 기본 기술은 뭐니뭐니해도 모래의 폭발력에 의한 익스플로전샷이다. 스탠스는 약간 오픈 스탠스로, 공은 왼발 뒤꿈치 앞에 놓는다. 뿐만 아니라 모래 속으로 들어간 클럽 헤드가 잘 빠져 나갈 수 있도록 클럽 페이스도 약간 젖혀 놓는 것이 좋다. 백스윙 때 클럽 헤드는 스탠스의 선을 따라 올라가는 업라이트 스윙이 돼야 하지만, 공을 정확하게 맞히기 위해서는 스윙은 느린 것이 좋다. 그래야 백스윙이 완전해진다.

다운스윙 때도 클럽 헤드는 스탠스의 선을 따라 평행이 되도록 끌어내려야 한다. 그래야 클럽은 올라간 길을 따라 내려온다는 속성대로 자연스럽게 움직이게 된다. 공을 맞히고 나면 클럽 헤드를 모래 속에 박아 넣는 것이 아니라, 어디까지나 클럽 헤드가 밖으로 빠져 나오도록 휘둘러 줘야 한다.

어드레스 때 클럽 헤드를 약간 젖혀 놓는 것도(Open-Face) 모래 속으로 박혀 들어간 클럽 헤드가 쉽게 빠져 나올 수 있도록 하는 예비 동작에 불과한 것이다. 교과서적인 기본 요령이지만 공을 세게 때릴 필요 없이 클럽을 가볍게 던져 준다는 느낌으로 휘둘러 주면 그것이 바로 완벽한 벙커샷의 스윙이 된다. 이 요령만 알고 나면 앞턱이 높고 낮은 것 또는 핀까지의 거리가 멀고 가까운 것쯤 큰 문제 없이 소화할 수 있게 된다. 그러면 자타가 공인하는 벙커샷의 명수가 될 것이다. 모든 어프로치샷이 그런 것처럼 벙커샷도 클럽 헤드의 무게를 느낄 수 있을 때 비로소 완전한 타구가 가능한 것이다.

스핀 없어도 구르지 않는 타구 있다

벙커샷 중에는 스핀이 걸리지 않으면서도 많이 굴러가지 않는 구질이 있다. 그야말로 고도의 기술이 필요한 환상의 타구다. 힘이 없는 익스플로전샷이라고나 할까……. 부드럽게 높이 솟아오른 공이 그린 위에 떨어지면 힘없이 주저앉는 (많이 굴러가지 않는) 공을 말한다. 이런 구질은 벙커의 앞턱과는 관계 없이 핀이 아주 가깝게 있을 때나 아니면 핀이 가까이 있으면서 내리막 경사로 누워 있는 그린에서 꼭 필요한 타구다. 만일 이런 상황에서 런(Run)이 많은 벙커샷을 하게 되면, 공은 핀에 붙는 것이 아니라 그린 밖으로 빠져 나가고 만다.

아무리 백스핀이 걸리는 타법도 거리가 가까우면 컨트롤이 어려워서 큰 효과를 기대할 수 없다. 바로 이런 상황에서는 힘없이 솟았다가 사뿐히 내려앉는 공이라야 핀에 붙는 확률이 높다. 공의 위치도 스탠스의 방향도 벙커샷의 기본형(오픈 스탠스, 오픈 페이스)과 다른 것은 없다. 다만 클럽 헤드를 박아 넣는 위치와 이에 따라 모래를 떠내는 깊이만 다를 뿐이다. 즉 공에서 먼 지점에 클럽 헤드를 떨어뜨리면서 얕게 모래를 떠내는 요령과 기술이 이 타법의 생명이다. 그렇기 때문에 정교한 타이밍이 요구되어 비교적 느린 템포로 클럽을 끌어올리고(Backswing) 피니시도 높게 크게 하는 것이 요령이다.

물론 이런 고도의 기술은 1타의 비중이 큰 프로 골퍼에게서 찾아볼 수 있는 타법이지만, 일반 아마추어 골퍼도 이 고도의 기술을 구사할 수 있다면 골프의 또 다른 즐거움을 맛볼 수 있을 것이다.

 팅그라운드를 떠난 공이 그린 위에 올라가면 일단 한 고비는 넘긴 셈이다. 다음은 가장 적은 타수로 홀컵에 집어넣는 일만 남게 된다. 그렇지만 그린 위에서도 꼭 지켜야 할 매너와 에티켓이 있고 제법 까다로운 규칙이 있다. 이것들을 충분히 이해하지 못하면 그야말로 어처구니없는 실수를 범하게 되고 예기치 않은 불이익까지 받게 된다.

 첫째로 알아야 할 것은 '마크'하는 방법이다. 마크는 반드시 홀컵을 향해서 공 뒤쪽에 동전 같은 것으로 해야 한다. 초보자 중에는 공 앞(홀컵 쪽)에 마크하는 사람도 있지만, 이것은 매너뿐만 아니라 규칙 위반이다. 퍼팅도 일반 타구와 마찬가지로 원구선타(遠球先打)의 원칙에 따라 홀컵에서 먼 공부터 퍼팅을 해야 한다. 또 마크를 하고 나서 집어올린 공을 닦을 수 있지만, 간혹 잔디 위에 문지르는 것은 그린 테스트로 간주되어 벌점(2벌타)을 받게 된다.

 자기의 퍼팅선(Putting Line)상에 있는 모래나 마른 풀 같은 것은 치워도 무방하지만, 퍼터로 인두질(?) 대패질(?)을 해 가면서 퍼팅 라인을 고르는 것은 반칙(2벌타)이다. 또 공이 떨어지는 충격으로 생긴 공자국은 고칠 수 있어도 스파이크에 긁힌 자국은 절대로 고쳐서는 안 된다. 이 밖에도 그린 위에서 퍼팅한 공이 깃대에 맞으면 반칙(2벌점)이지만, 핀을 꽂은 채 퍼팅한 공이 핀에 맞지 않으면 물론 벌점은 없다. 그렇지만 위험 부담(벌점)을 안은 채 그런 무모한 짓을 할 필요는 없는 것이다.

 아무리 짧은 거리도 공을 쳐서 홀아웃(Hole-Out)하는 것은 골프 규칙 제1조에 나오는 기본 원칙이다. 주말같이 혼잡할 때 친구끼리의 플레이에서 아주 짧은 거리(예를 들면 20~30cm미만)의 퍼팅을 생략(OK-흔히 기브라고 한다)하기로 한다면, 'OK'를 받은 쪽은 반드시 공을 집어야지 그대로 퍼팅하다 들어가지 않으면 그 타구도 타수(Stroke)로 계산된다는 것을 잊어서는 안 된다.

 ※ 참고로 골프 규칙상 퍼팅을 생략할 수 있는 것은 (거리에 관계없이) 매치플레이(Match-Play)에 한하고, 일상 우리가 하는 플레이(Stroke-Play)에서는 인정하지 않는다.

트러블샷
Trouble Shots

러프 타구는 공을 실어 나르듯이

　여름철 풀이 길게 자란 러프 속에 공이 들어가면 아무리 거리가 짧아도 쉽게 해결되지 않는다. 그것이 그린 근처라면 틀림없이 1타의 손실을 각오해야 한다.

　일반적으로 이런 상황에서는 로프트를 죽여서 (클럽 페이스를 세워서) 풀의 저항에 지지 않을 만큼 박아치게 되지만, 오히려 로프트가 큰 클럽(샌드웨지나 피칭웨지)을 젖혀서 클럽 페이스에 공을 실어 나른다는 요령으로 치는 것이 효과적인 타법이다. 이것은 고도의 기술이기는 하지만 어프로치샷의 기본 요령 중에 이보다 더 정확하고 확실한 기술은 없다.

　이 타법은 절대로 손목을 쓰지 않는 것이 특징이다. 백스윙은 작고 느리게 하고, 다운스윙도 느린 템포가 바람직하다. 이때 그립을 잡은 두 손과 두 어깨 사이에 만들어진 삼각형은 타구가 끝날 때까지 무너져서는 안 된다.

　거리가 짧아 스윙은 작아도 적당한 체중 이동은 있어야 한다. 그러면 스윙이 느리기 때문에 공을 튀겨내기보다는 클럽 페이스 위에 공을 올려서 날라주는 것 같은 스윙이 된다. 샌드웨지나 피칭웨지같이 로프트가 큰 클럽으로 공을 티 위에 올려놓고 때려 보면 이 요령을 알게 될 것이다.

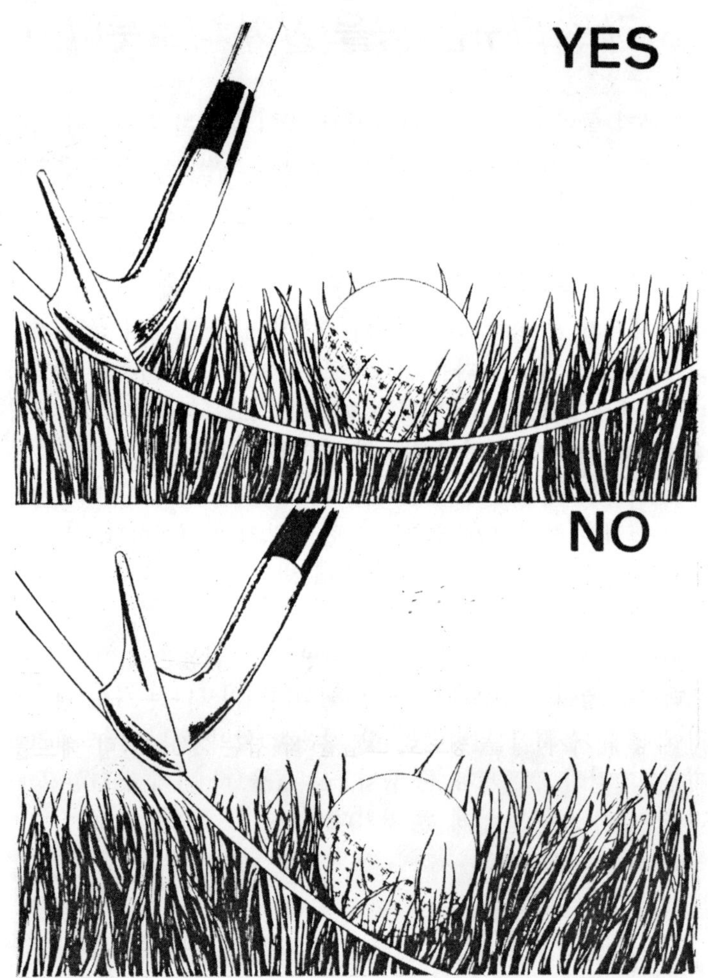
YES
NO

러프 탈출 때도 폴로스루가 수반돼야

　골프채 14개의 기능과 특성은 각각 다르지만 샌드웨지라고 반드시 벙커샷 때만 쓰는 것은 아니다. 프로 골퍼들은 어프로치샷 때 샌드웨지를 많이 쓰고 있으며, 일반 아마추어 골퍼도 깊은 러프에서는 꼭 필요한 클럽이 샌드웨지다. 길고 억센 풀 속에 있는 공은 일반 타구처럼 클럽 헤드를 박아 넣으면 그 순간 클럽 페이스의 방향은 바뀌고 만다. 깊은 러프에서는 거리와 관계없이 샌드웨지 외엔 쓸 수 있는 클럽이 없다고 단정해도 좋을 것이다.

　일반적으로 아마추어 골퍼 중에는 '골프는 힘'이라고 잘못 생각하고 있는 사람도 제법 많은 것 같다. 힘이 센 사람이 힘으로만 때려서 러프에서의 탈출이 가능하다면 유도나 씨름 선수가 단연 유리할 것이다.

　모래와 함께 공을 날라주는 것이 벙커샷이라면, 러프에서의 어프로치샷은 풀과 함께 쳐내는 타법이라야 한다. 풀을 잘라내면서 공도 함께 쳐내는…… 그런 감각이 필요하다는 말이다. 풀의 저항에 지지 않을 정도로 그립을 꽉 잡는 것도, 클럽 헤드를 떨어뜨리는 위치도 벙커샷과 다를 바 없다.

　풀이 길면 클럽 헤드를 풀 속에 박아 넣는 스윙이 고작이지만, 그런 식의 타구는 클럽 페이스의 방향이 바뀌면서 공은 러프에서 빠져 나오지 못하고 자리 바꿈만 할 따름이다. 익스플로전샷이 폴로스루가 필수조건이듯 깊은 러프에서의 탈출 작전에도 폴로스루는 꼭 수반돼야 하는 스윙의 일부분이다. 공을 맞힐 때 풀도 함께 잘라내는 스윙…… 이것은 폴로스루가 있는 스윙에서만 가능한 것이다.

러프에서는 사이드블로가 바람직

공이 잔디 위에 떠 있는 것 같은 상태에서는 러프에서도 페어웨이 우드나 롱아이언을 얼마든지 사용할 수 있다. 꼭 티 위에 올려 놓은 공과 같기 때문이다. 흔히 러프에서는 공을 위해서 아래로 찍어 치는 다운블로(Down-Blow)가 적격이라고 한다. 그러나 공이 떠 있을 때의 다운블로는 미스샷이 될 뿐이다. 공을 위에서 아래로 찍어치면 클럽 헤드가 공 밑동을 뚫고 들어가서 하늘 높이 솟아오르는 공중볼(Skying Ball)이 되고 만다. 이런 때 다운블로가 좋다고 클럽 헤드를 털썩 떨으뜨릴 것이 아니라 클럽 헤드를 들어치는 감각으로 공을 직접 맞혀야 한다.

러프에서는 어드레스 때 공이 움직이는 것을 막기 위해 클럽 헤드를 지면에 대지 않고 조금 띄워 놓는 것도 이해하면서……. 이렇게 해서 옆으로 쓸어치는 사이드블로(Side-Blow)가 바람직한 타법이다. 절대로 공 밑동을 때리는 페어웨이샷이 돼서는 안 된다. 공 밑의 풀은 건드리지 않고 공만 쳐내는 그런 느낌의 타법이 요구된다.

이 타법과 감각은 클럽이 짧아져도 마찬가지다. 다만 클럽의 길이가 짧아지면 반대로 로프트가 커지기 때문에, 어드레스 때 클럽 페이스의 밑선(Leading Edge)이 타구의 목표선과 직각이 되게 하려면 자연히 클럽 페이스를 엎어야 하고, 그러면 그립을 잡은 두 손은 왼쪽으로 옮겨지게 된다. 그렇지 않으면 공은 엎어 맞아 왼쪽으로 날아가고 만다. 또 러프에서의 타구는 아무리 잘 맞아도 백스핀이 걸리지 않아 런(Run)이 많다는 것도 거리 측정에 참고해야 할 사항이다.

러프서 1타 정도 손해는 각오하라

골프의 결과는 생각하기에 따라 많은 차이가 난다. 깊은 러프 속에 공이 들어가면 타수는 물론 거리까지도 손해 보지 않으려고 생각하는 사람도 있을 것이다. 그렇지만 러프는 아무래도 페어웨이보다는 타구가 어려운 장소라는 사실을 냉정하게 받아들일 줄도 알아야 한다. 그런 것을 페어웨이샷과 똑같은 결과를 바라는 것은 처음부터 무리한 착상이다.

기술뿐만 아니라 정신적으로도 어느 한구석에 무리가 있으면 그대로 스윙에 영향을 미치게 되어 스윙이 딱딱해진다. 그렇기 때문에 러프에서는 오히려 1타 정도의 손해는 각오해야 한다. 이런 편안한 마음으로 작전을 세우면 오히려 생각보다 좋은 결과를 얻을 때도 있다.

공이 러프에 들어가면 다음 타구를 유리하게 할 수 있는 것부터 생각해야 한다. 그러면 무리한 미스샷도 사전에 방지할 수 있고 작전대로 공을 친다는 즐거움도 있는 것이다. 공이 어려운 상황에 놓였을 때 자신의 능력 이상의 것을 시도하면 그 결과는 제2, 제3의 미스샷을 유발해서 불필요한 타수만 가산될 뿐이다.

한번의 잘못은 그것으로 끝낼 줄 알아야 한다. 이것이 용기이고 지혜다. 또 적극적인 공략 방법이다. 한 홀에서 끝나면 되는 것을 인사불성(?)의 타수가 늘어나면 정신 집중력을 잃게 되어, 자제력을 잃어버린 기분은 다음 홀 또는 그 다음 홀로 이어져 결국 하루의 골프를 망치고 만다. 호미로 막을 것을 가래로도 막지 못하는 우매한 짓은 하지 말아야지…… 이것이 즐거운 골프를 할 수 있는 요령이다.

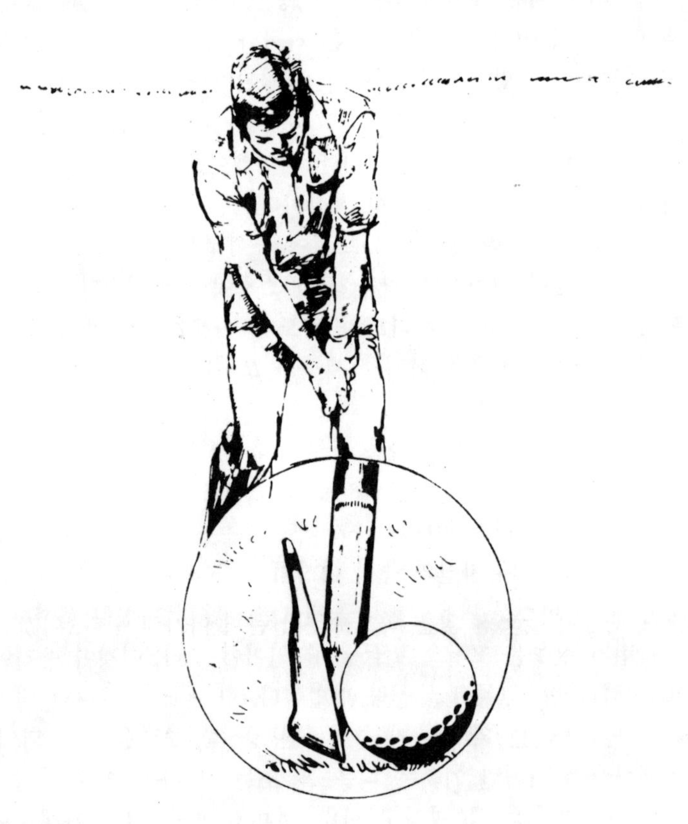

경사에선 평행 감각을 유지하라

　골프에서 가장 필요한 감각은 평행 (또는 수직) 감각이다. 골프 코스에는 페어웨이의 경사나 언덕의 곡선 등 어느 것 하나 수평이거나 수직인 것은 없다. 말하자면 골프 코스에는 사람의 평행 감각을 잃게 하고 착각을 일으키게 하는 요소들이 많다는 말이다. 그래서 일류 코스일수록 평탄한 지형에서의 타구 기회는 적게 마련이다. 여기서 문제가 되는 것은 경사진 곳에서의 타구 방법이다. 근본적으로는 타법이라고 하기보다는 공을 치기 위해 어떻게 서야 할 것인가 하는 문제를 말한다.

　경사에 맞춰 자세만 바로 잡으면 타구 자체는 그렇게 어렵지 않다. 어떤 경우에도 평행 감각만 유지하면 평소의 실력대로 타구는 가능해진다. 이렇게 평행 감각은 자연스럽고 합리적으로 몸에 배야 하는 골프 기술의 일종인 셈이다.

　가령 왼발이 높은 곳에서 어드레스를 하고 목표 쪽으로 시선을 돌리면 오른쪽 어깨는 자연히 왼쪽 어깨보다 낮아지게 된다. 높은 목표를 보고 있는데 오른쪽 어깨가 높아질 수는 없다. 반대로 왼발이 낮으면 낮은 쪽으로 시선은 돌아가게 된다. 이것은 왼쪽 어깨가 낮아지면 왼발에 중심이 걸리기 때문이다.

　이것은 상반신의 자세가 경사에 대해 수직이 된 증거다. 이 이치는 발끝이 높을 때도 낮을 때도 마찬가지다. 공이 높은 곳에 있으면 시선도 높아지고 등도 펴지게 된다. 또 공의 위치가 발끝보다 낮으면 허리를 숙이고 상체를 낮춰서 어드레스를 해야 한다. 이것도 평행 수직 감각을 유지하기 위한 조건의 하나다.

어려울수록 더욱 냉정하라

골프에 함정은 있게 마련이다. 골프 코스에는 숲과 계곡이 있으며 벙커나 연못도 있다. 그래서 공이 그런 곳에 들어갈 수 있는 위험성은 처음부터 예견된 사실이다. 코스 구석구석에 널려 있는 장애물들은 골프를 극적인 상황으로 몰고 가기도 한다.

그런 함정 속에 공이 빠졌다고 해서 성깔(?)을 부리거나 의기소침해진다면 골프를 말할 자격조차 없는 사람이라고 단언해도 좋을 것이다. 함정 속에 빠진 공이 어려운 것은 물론 타구 자체가 어렵지만, 더욱더 문제가 되는 것은 공이 이런 곳에 빠지기만 하면 플레이어의 기분이 냉정을 잃게 되기 때문이다. 아무리 뛰어난 골퍼도 사소한 작전의 잘못 하나 때문에 다 이겼던 게임을 놓치는 일이 많다.

승부는 마지막 홀 마지막 퍼팅까지 지켜봐야 판가름이 난다. 말하자면 문턱을 넘을 때까지는 결과를 알 수 없다는 도박의 속성과 같은 것이다. 그런데 이러한 절대절명의 상황 속에서 1타의 미스샷은 결정적으로 위기 상황으로 몰고 간다. 그렇지만 냉정을 되찾고 끝까지 버티면 의외로 좋은 결과를 얻게 된다. 그렇지만 이미 잃어버린 1타가 아쉬워서 단숨에 만회하려는 무모한 타구는 제2, 제3의 손실(미스샷)을 자초하고 만다. 골프는 공만 잘 친다고 좋은 것은 아니고, 상황 판단을 바로 할 줄 아는 머리가 있어야 한다.

위기 상황일수록 분수를 지켜라. 그래도 안 되거든 손을 들어라(Unplayable). 이렇게 최선을 다하고도 게임에 진다면 그것으로 만족하라. 그러면 많은 것을 배우게 될 것이다.

홀인원은 기술이 아니라 행운이다

에이스(Ace)……. 흔히 말하는 홀인원이다. 홀인원은 두말할 것도 없이 티에서 친 공(티샷)이 그대로 홀컵 속으로 들어가는 것을 말한다. 이것은 기술이라기보다는 행운이고 우연히 찾아오는 뜻밖의 사건(?)이다. 이 엄청난 해프닝이 일어날 가능성은 4만 5천분의 1이라고 하니, 대부분의 골퍼가 이 감격을 맛보지 못한 채 골프 인생을 마감하게 된다.

홀인원은 골프가 무엇인지도 모르는 초보자에게도 찾아오고, 몇십년의 경력을 자랑하는 베테랑 골퍼도 이루지 못하는 그야말로 행운의 한 방(1타)인 것이다. 홀인원이 골프사상 최초의 기록으로 등장한 것은 1868년 영국의 프로 골퍼 톰 모리스가 세우면서부터다. 그러나 골프가 탄생한 지(1457년) 400여년이 지난 후의 일이다.

일반적으로 홀인원은 파3의 홀(250야드 미만)에서 일어나게 되지만, 가장 거리가 긴 홀에서의 홀인원은 447야드의 다운힐에서 기록한 그야말로 믿기 어려운 장거리의 홀인원도 있다. 이것은 보브 미테라(미국)가 세운 것으로서 때마침 불어온 뒷바람을 타고 날아간 공이 그대로 홀 속으로 빠져들어간 두번 다시 있을 수 없는 대기록이다. 또 홀인원에는 별난 기록도 많다. 남들은 평생 동안 단 한 번도 하기 힘들다는 홀인원을 1년 동안에 11번이나 수립한 세기의 행운아(?)도 있다. 이것은 1962년 미국의 조지프 보이드스톤이 세운 기록이다. 그런가 하면 가장 나이가 많은 홀인원의 주인공은 93세의 찰스 영맨(캐나다)이고, 최연소자는 5세의 코비 오르(미국)다.

이 밖에도 홀인원 상금이 가장 많은 것으로는 1979년 세계 매치 플레이 선수권 대회에서의 일본의 아오키 이사오가 그 주인공이다 (50만 달러 상당의 콘도미니엄). 그러나 이렇게도 어렵다는 홀인원도 아마추어 골퍼가 관객(Gallery)이 운집한 1번홀에서의 완벽한 티샷의 성공률(1백19만5천분의 1)보다는 훨씬 확률이 높고 보니, 역시 첫 홀에서의 드라이버샷은 홀인원보다도 몇 배나 어렵다는 것을 실감케 한다.

퍼 팅
Putting

KING

퍼팅은 '영감'······첫 느낌이 중요하다

　퍼팅 라인을 확인하는 과정에서 첫번째 판단이나 느낌이 가장 정확할 때가 많다. 그러나 두번 세번 다시 보고 수정하면 공은 엉뚱한 방향으로 굴러가는 경험을 하게 된다.

　퍼팅하기 전에 경사 거리, 잔디결 같은 여러 상황을 살피는 것을 라인업(Line-up)이라고 하지만 이것은 퍼팅에서 가장 중요한 준비 단계다. 대부분의 골퍼가 라인업을 하고 나서 확신이 서지 않아 다시 퍼터의 각도를 수정할 경우 그 결과가 미스 퍼팅으로 나타나는 경험은 많을 것이다. 물론 수정했기 때문에 성공하는 경우도 없는 것은 아니지만, 대개의 경우 실패하게 되는 것은 그 원인이 심리적인 불안이나 갈등 때문이다.

　흔히 드라이버샷은 예술(Art), 어프로치샷은 과학(Science), 퍼팅은 영감(Inspiration)이라고 하는데 여기서 퍼팅을 '영감'이라고 하는 것은 물론 뛰어난 직감력을 말하는 것이다. 미스 퍼팅의 대부분은 공을 잘못 때리는 것보다는 라인업을 잘못하는 데 기인한다고 했다. 그래서 퍼팅의 명수들은 정확한 라인업의 방법으로서 공과 홀컵 중간에 작은 목표물(Spot)을 설정하고 공이 그 지점을 통과하도록 때린다. 그런데 이 중간 목표물을 수정하면 실패할 확률이 많다는 것이다. 퍼팅에서는 첫번째 느끼는 직감이 가장 정확하다. 스탠스를 잡고 나서도 퍼팅에 자신이 없으면 주저하지 말고 라인업부터 다시 해야 한다.

　사람의 직감은 천부적으로 타고나는 본능이지만, 많은 연습과 경험을 기초로 해서 탄생되기도 한다.

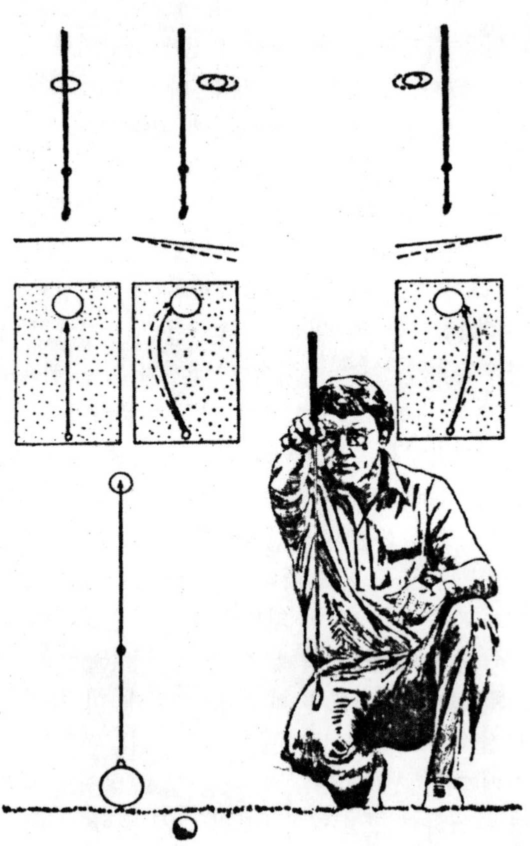

경사도 파악 후 퍼팅 라인 정하라

퍼팅 라인을 정할 때 가장 큰 장애 요소가 되는 것은 그린의 경사다. 경사가 심하면 심할수록 퍼팅 라인을 보기도 어렵거니와 공은 많이 휘기 때문이다. 더욱이 그린 전체가 한 방향으로 쏠려 있을 때에는 그린 위에 올라가서 경사도를 알아내기란 여간 어려운 것이 아니다. 자칫하면 그린이 편편한 것처럼 착각마저 일어나게 된다. 이런 착각을 일으키지 않기 위해서는 어프로치샷을 하고 나서 그린까지 걸어가는 사이에 그린 전체의 모양을 확인할 필요가 있다. 그린 밖에서 그린을 바라보면 그린이 어느 쪽으로 누워 있는가를 쉽게 알아낼 수 있다. 물론 이것은 그린을 공략하는 어프로치샷 때에도 공의 낙하 지점을 설정하는 데 도움이 된다. 즉 그린에 떨어진 공이 어느 쪽으로 굴러가는가는 그린의 경사도와 비례하기 때문이다.

그린 위에서 공과 홀컵 사이의 경사도를 기준으로 퍼팅 라인을 정할 때 퍼터를 눈앞에 대고 확인하는 방법이 있다. 이것은 흔히 프로 골퍼가 쓰고 있는 방법이지만, 원리를 알고 해야지 겉 모양만 갖추기 위해 흉내내서는 안 된다. 이것은 늘어뜨린 퍼터의 샤프트와 공을 겹치게 해서 그린의 경사도를 확인하는 방법이지만, 핀이 항상 수직으로 꽂혀 있다고는 할 수 없기 때문에 다소의 위험성은 따른다는 것도 참고해야 할 것이다.

이렇게 퍼팅 라인을 정할 때 꼭 알아둬야 할 것은 ① 공과 퍼터의 샤프트가 겹치게 해서 홀컵이 오른쪽에 있으면 슬라이스 라인이고, ② 홀컵이 왼쪽에 있으면 훅 라인이다. 물론 공과 샤프트가 일직선상에 있으면 퍼팅 라인은 경사가 없는 스트레이트 라인인 것이다.

마무리 퍼팅 가볍게 생각 마라

퍼팅은 골프의 마지막 수단이다. 티샷에서부터 시작해서 페어웨이(때로는 러프나 벙커)에서의 제2타 또는 그린 근처에서의 제3타 아니면 제4타…… 이렇게 해서 골프는 큰 목표물에서 점점 작은 목표물을 향해 거리를 줄여 가는 게임이다.

그렇지만 대부분의 골퍼가 마무리 작업(퍼팅)의 중요성을 가볍게 생각하는 경향이 있다. 퍼팅에 힘이 필요한 것은 아니다. 골프채를 잡은 지 얼마 되지 않은 사람도 특별한 기술을 익히지 않고 어느 정도 흉내를 낼 수 있는 것이 퍼팅이다. 여러 가지 제약을 받게 마련인 티샷이나 페어웨이샷에 비하면 타구 조건이 쉬운 것이 퍼팅이지만 그래도 문제는 있다.

골퍼라면 누구나 미스샷을 하게 된다. 같은 미스샷이면서도 그린에서의 3퍼팅보다는 티샷의 OB(Out of Bounds)가 충격은 더 클 것이다. 이것이 사실이라면 이것은 표면상 퍼팅은 쉬운 것이라고 생각하기 때문이다. 이것은 그만큼 그린 위에서의 작업을 경솔하게 생각하기 쉬운 배경이 있다는 것이다.

그래서 간단하게 3퍼팅을 하게 되고 그러면서도 아무런 충격도 없이 지나쳐 버리고 만다. 이것은 골프가 스코어를 따지는 게임이라는 결과론에서 판단한다면 아주 잘못된 생각이다. 작은 것(퍼팅)을 경시하고 큰 것(일반 타구)만 중요시하는 골프는 반쪽 골프에 불과하기 때문이다.

눈은 퍼팅 라인 수직선 위에 있어야

　퍼팅에 폼이 없다고 말하는 사람이 많지만, 그렇다고 아무렇게나 기분 내키는 대로 쳐도 된다는 말은 아니다. 퍼팅 폼에 기준이나 표준 같은 것은 없어도 꼭 있어야 할 것은 자기에게 적합한 퍼팅 폼을 찾아야 한다는 사실이다. 이처럼 정해진 폼은 없어도 공을 퍼터 페이스 중심(Sweet Point)으로 맞혀야 한다는 진리는 언제나 지켜져야 한다.

　퍼팅의 명수라는 많은 사람들이 천차만별의 퍼팅 폼을 하고 있어도 정확하게 공을 맞히는 순간의 자세는 누구나 같은 공통점이 있다. 그렇다고 정확하게 공을 맞히기만 하면 폼이야 어떻든 상관없다는 것은 아니다. 오직 하나의 진리(공을 스위트 포인트에 맞힌다는)를 위해 합리적인 방법과 생각으로 접근해 가는 것이 최선의 대책이다. 이것을 실천하는 사람만이 그린을 지배하는 골프의 제왕이 되는 것이다.

　공을 치기 위해 잡은 자세를 어드레스라고 하지만, 이 자세는 공을 맞히는 순간 그대로 재현돼야 제 구실을 다한다. 공을 맞히는 순간의 자세를 미리 만들어 놓으면 퍼팅하는 동작 중에서 이를 재현하기가 쉬워진다. 이것이 합리적인 현대 골프의 이상적인 방법이다. 어드레스 때는 물론 공을 맞히고 나서도 머리가 공 뒤에 있어야 한다는 것은 모든 타구에 공통되는 말이다.

　퍼팅 라인을 정확하게 볼 수 있는 것도 눈(머리)이 퍼팅 라인 수직선 위에 있을 때에만 가능하다. 또 눈이 공 위에 있어야 퍼터 페이스가 직각으로 공을 맞히는 것을 확인할 수 있다. 이런 것들은 퍼팅에도 원리에 맞는 폼과 어드레스 자세가 필요한 증거이다.

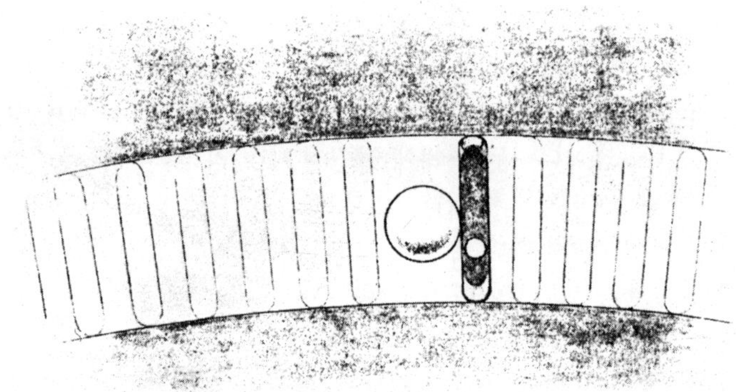

퍼터 헤드 중심으로 공을 맞혀라

·골프 스윙은 감각적이어야 이상적이지만 그 중에서도 퍼팅은 뛰어난 기술보다도 감각이 많은 부분을 차지하는 타구다.

일반 타구는 공중에 떠서 오래 날아가는 공이 나이스샷이지만, 그린 위에서 때린 공(퍼팅)은 느리면서도 오래 굴러가는 구질이라야 성공 확률이 높다. 그립을 잡은 두 손에 어떤 충격 같은 것을 느끼는 미스 퍼팅은 의외로 잘 굴러가지 않지만, 퍼터 헤드 중심(Sweet Point)에 맞은 공은 손에 아무런 반응이 없으면서도 부드럽게 오래 굴러간다. 결국 퍼터의 중심으로 공 한가운데를 맞히면 공은 멎을 듯 멎을 듯하면서도 오래 굴러가게 된다.

공을 바로 맞혀야 나이스샷이 되듯이 퍼팅도 공을 바로 맞히는 타법을 알아야 한다. 그것은 퍼터 헤드가 내려오다 지면과 가장 가까운 지점(스윙의 최하점)에서 공을 맞혀야 한다. 골프 스윙이 클럽 헤드로 원을 그리는 운동이라면 퍼팅이라고 예외일 순 없다. 다만 그 원이 밋밋하게 완만할 뿐이다. 퍼팅도 백스윙 때 퍼터 헤드는 지면에서 떨어져서 들리게 되지만, 다운스윙 때에는 공에 가까워질수록 지면에 닿게 된다. 이것이 퍼팅 스트로크의 최하점이다. 이렇게 퍼터 헤드가 그리는 원의 가장 낮은 지점에서 공을 맞히는 것이 퍼팅의 요령이다.

퍼팅이 직선 운동이라고는 해도 백스윙의 끝점과 폴로스루의 끝점에서는 퍼터 헤드는 약간 올라가게 된다. 이것을 무리하게 오버 스핀을 걸기 위해 공을 올려치거나 반대로 눌러치면 미스 퍼팅이 될 뿐만 아니라 퍼팅을 복잡하게 만들 뿐이다.

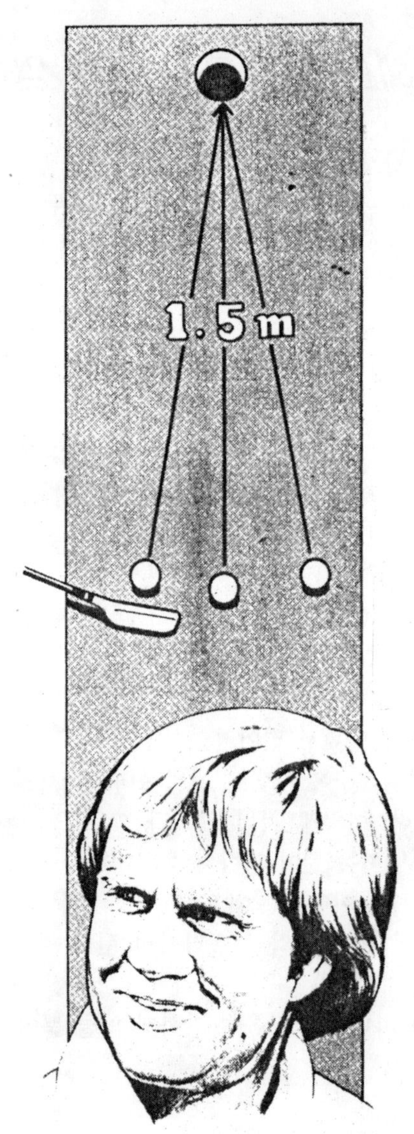

1.5m

숏퍼팅 연습을 집중적으로 하라

그린 위에서의 퍼팅수를 2타로 정해 놓고 골프 코스의 기준 타수(Par)가 정해진 것은 골퍼라면 누구나 알고 있는 상식이다. 그래서 이 숫자(퍼팅수)가 1이 되면 스코어는 좋아지고 3으로 기록되면 스코어는 나빠질 수밖에 없다. 그러나 이렇게도 중요한 퍼팅인데 연습 때에는 드라이버나 아이언샷의 그늘에 가려 성의 있는 연습을 게을리 하고 있는 것도 사실이다. 기껏 골프장에 도착해서 그것도 티오프(Tee-off) 시간을 기다리는 동안 몇번 퍼터를 흔들어 보는 것이 연습의 전부다.

이런 정도라면 아무리 다른 타구가 정확하고 훌륭해도 전체 스코어가 좋아지지 않는다. 또 기껏 굴려 보는 몇번의 퍼팅 연습은 장난삼아 롱퍼팅을 해볼 뿐 긴요한 거리의 집중적인 연습은 게을리 하고 있는 실정이다. 막대한 부와 명예가 걸려 있는 프로 골프 경기에서는 퍼팅의 1타가 갈림길의 구실을 한다.

퍼팅은 10m 이상의 롱퍼팅과 경사도에 따른 연습도 중요하지만, 가장 필요한 것은 짧은 거리(1~1.5m)의 연습이다. 이 정도 거리의 퍼팅은 아무것도 아닌 것 같지만 그렇게 생각만큼 간단하지 않다. 1~1.5m의 거리라면 프로 골퍼들조차 부담스러운 거리다. 그래서 프로 골퍼들은 숏퍼팅을 집중적으로 연습하고 있는 것이다. 마치 '퍼팅은 돈이다'라는 말을 실증하기나 하는 것처럼…….

아마추어 골퍼에겐 퍼팅이 돈일 수는 없어도 스코어가 즐거움일 수는 있다. 전체 기준 타수의 반(72타 중 36타가 퍼팅)이 퍼팅이고 보면 글쎄…… 분명히 퍼팅도 골프의 한 부분임을 실감할 수 있을 것이다.

숏퍼팅은 홀컵 맞은벽을 맞혀라

골프에는 말도 많고 탈도 많다. 모두가 기술의 골프, 매너의 골프를 부추기는 말들이다. 퍼팅을 말할 때면 으레 제일 먼저 등장하는 좌우명 '네버업 네버인'(Never up, Never in). 홀컵까지 가 닿지 않는 공은 절대로 들어가지 않는다는 지당한 진리의 말씀이시다. 그러나 지극히 당연한 것이면서도 그대로 되지 않는 것이 퍼팅의 어려움이다.

퍼팅이 안 되는 날은 일반적으로 퍼팅이 짧아진다. 과감하게 때리지 못하기 때문이다. 아무리 힘있게 때려도 공 중심을 맞히지 못하면 공은 생각만큼 굴러가지 않는다. 더욱이 겁에 질려 자신 없이 때리면 퍼터로 공을 건드리는 것 같은 타구가 되고 만다.

승부에 강하다는 강심장의 골퍼도 퍼팅 1타에 마지막 승패가 걸려 있는 상황에서는 아무래도 긴장해 퍼팅은 짧아지게 된다. 이런 때에는 평상시처럼 과감하게 때리지는 못하더라도, 공을 치고 나서 퍼터 헤드가 공 한 개의 폭만큼만 왼쪽(목표 쪽)으로 지나가면 그런 대로 퍼팅은 성공할 수 있다. 퍼터 페이스가 공에 닿자마자 멎어 버리면 아무리 짧은 퍼팅도 실패하게 된다. 공을 맞히는 순간 퍼터와 공이 만나는 것만을 생각하면 얼굴이 빨리 들리게 된다. 그러나 공을 맞히고 나서 퍼터 헤드가 공의 폭만큼 왼쪽으로 움직이는 것을 볼 수 있으면 헤드업은 절대로 하지 않게 된다. 숏퍼팅은 홀컵 맞은쪽 벽을 맞힌다고 때리는 용기가 필요하다. 바로 이것이 '네버업 네버인'의 교훈이다.

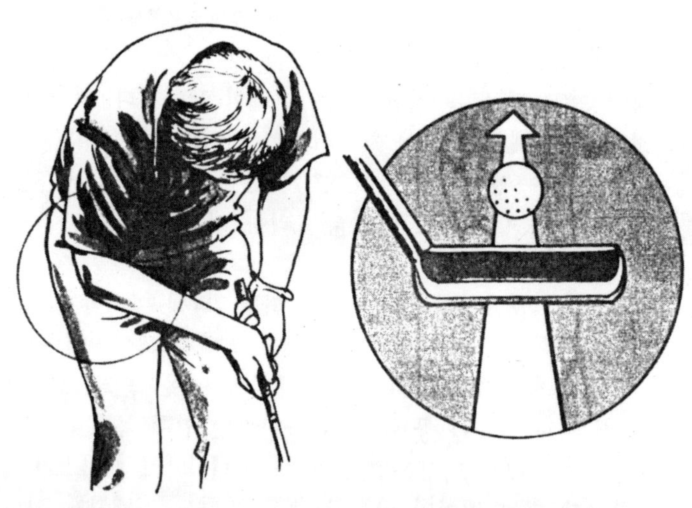

롱퍼팅은 제1타가 홀컵을 지나야

먼 거리의 퍼팅은 왜 짧아지는 것일까. 이 질문에 자신 있게 대답할 수 있으면 꽤 많은 타수를 줄일 수 있을 것이다. 퍼팅이 짧아지는 것은 미숙한 플레이어에게만 있는 것이 아니다. 프로 골퍼들도 롱퍼팅을 세게 치지 못하는 것은 퍼팅 라인을 잘못 읽는 데 원인이 있기도 하지만, 대개는 불안한 타법 때문에 공을 확실하게 때려 주지 못하기 때문이다. 일반적으로 그립은 힘을 빼고 잡아야 스윙이 부드럽고 힘도 솟는다. 그러나 퍼팅만은 손가락 끝이 떨릴 정도로 힘주어 잡아야 공을 세게 때릴 수 있다. 세계적인 골퍼들은 모두 그린을 지배한 퍼팅의 명수들이다. 이들의 공통점은 언제나 홀컵을 지나갈 정도의 힘으로 공을 때린다. 그렇기 때문에 홀컵 뒤쪽을 맞고 들어가게 되고, 만일 빗나가면 1야드 정도 홀컵을 지나가지 한번도 짧은 경우는 없다.

역시 퍼팅이란 홀컵까지 공이 닿지 않으면 들어가지 않는다. 그래서 '네버업 네버인'(Never up, Never in)이라고 했다. 이 말은 우리에게 큰 교훈을 준다. 롱퍼팅은 제1타가 홀컵을 지나갔을 때가 못 미쳤을 때보다 다음 퍼팅(제2타)이 쉬워진다.

아무리 방향이 정확해도 홀컵을 지나가지 않으면 절대로 들어가지 않는 것이 퍼팅의 기본 원리다. 그러나 퍼팅이 서투른 사람들은 3퍼팅이 겁이 나서 제1퍼팅이 짧아질 때가 많지만, 첫번째 퍼팅이 홀컵을 지나가면 내리막 라인을 제외하고는 두번째 퍼팅이 쉬운 법이다. 그것은 두번째 퍼팅 때는 한번 지나간 길을 따라 치면 되기 때문이고, 첫번째 퍼팅이 들어가지 않았어도 들어갈 수 있는 기회가 있었다는 만족감에 심리적으로도 여유가 생기기 때문이다. 하늘을 봐야 별을 보지…… 롱퍼팅은 우선 때리고 보자. 그래야 기회도 있는 것이다.

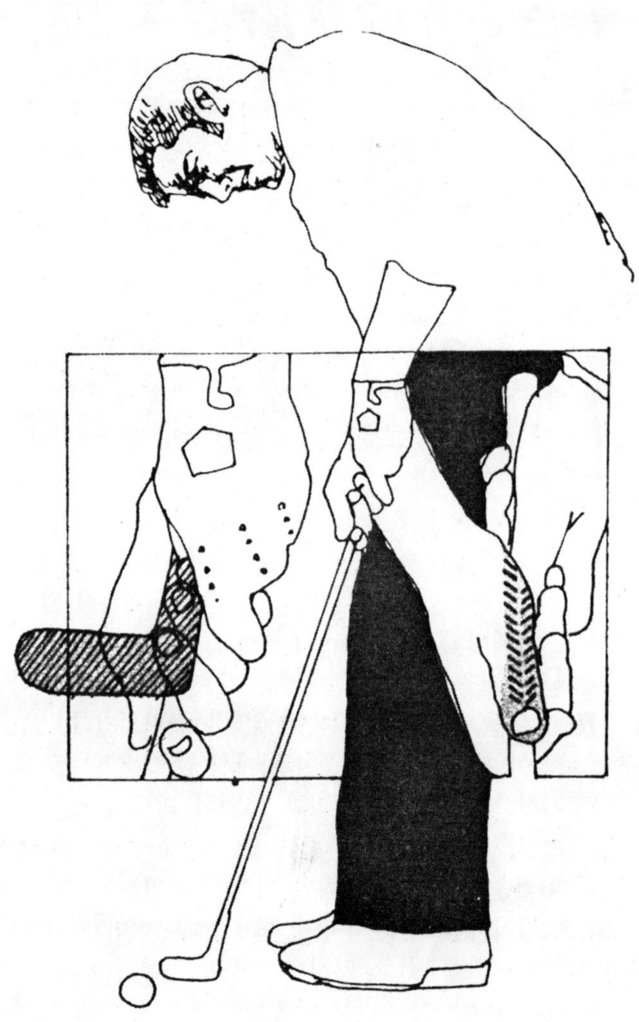

'퍼터는 몸의 일부분' 자기 최면을

클럽 헤드가 몸에서 멀어질수록 스윙은 어려워지고 목표 방향으로 정확하게 공을 보낼 수 있는 확률은 낮아진다. 그렇기 때문에 도구를 매체로 하는 운동은 그 도구(골프의 경우는 골프채)를 얼마만큼 잘 쓰는가에 따라 운동의 성패가 결정된다. 그런데 도구를 사용하는 동작을 바르게 할 수 있게 하는 최대의 비결은 그 도구를 몸의 한 부분으로 만드는 데 있다. 심리학적 용어에 실물 영상(Body Image)이라는 말이 있다. 이것은 자동차 운전을 잘하고 못하는 것은 운전하는 사람의 머리 속에 자동차의 크기와 모양이 얼마만큼 정확하게 새겨져 있는가에 달려 있는 것과 같은 이론이다. 만일 자기가 운전하는 자동차의 영상이 흐릿하게 머리 속에 그려져 있으면 뜻하지 않은 접촉 사고가 일어나게 된다.

골프는 도구(골프채)를 사용해서 하는 게임이다. 더욱이 퍼팅처럼 미묘한 감각이 요구되는 경우는 퍼터 그 자체를 몸의 일부분으로 활용하고 있는가 아닌가에 따라 퍼팅의 평균 타수에 큰 차이가 난다. 다시 말하면 퍼터의 샤프트가 팔의 연장이 되고 손바닥이 퍼터 페이스와 일체화된 영상이 심어져 있으면 퍼팅 성공률은 높아진다. 소위 이것이 보디 이미지(실물 영상)이다.

퍼터 그립을 두 손바닥이 서로 마주보게 잡으면 두 손의 엄지손가락은 자연히 샤프트 위에 놓이게 된다. 이것이 샤프트와 손이 일체화된 그립 방법이다. 그러면 퍼터 페이스는 오른손바닥과 동일한 방향(목표선)을 보게 된다. 진정한 의미의 스퀘어 그립의 대표적인 경우다. 이처럼 손바닥 안에서 클럽 조절이 가능하면 골프 실력은 비약적으로 향상되게 될 것이다.

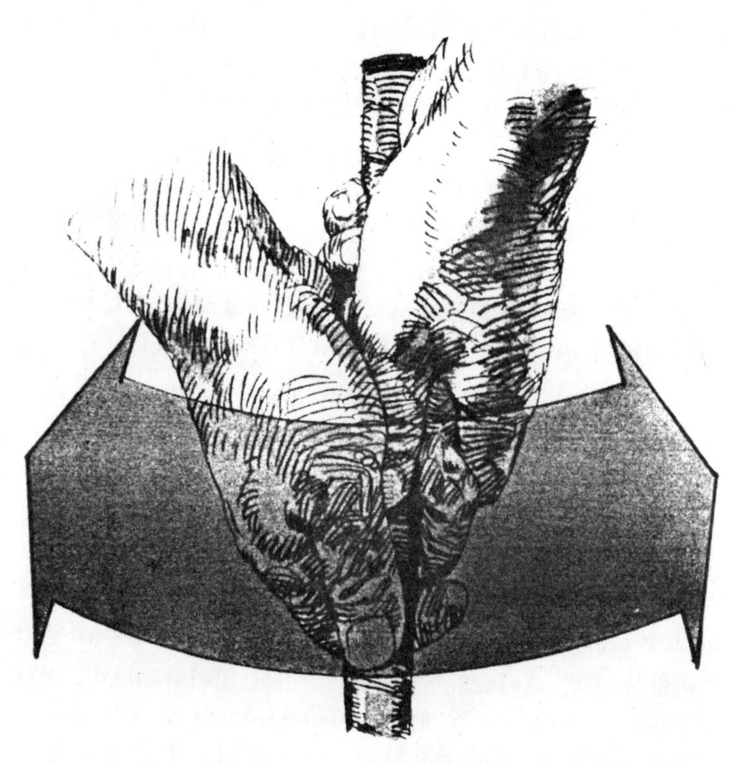

거리가 길수록 마음 비우고 퍼팅을

골프는 언제 무슨 일이 일어날지 모르는 그야말로 불가사의한 스포츠다. 남을 방해하지도 방해받지도 않는 것이 골프의 특성이기 때문에 기량만 갈고 닦으면 그것이 그대로 결과(스코어)로 나타나게 된다. 말하자면 콩 심은 데 콩 나고 팥 심은 데 팥이 나는 순박한 경기다. 그렇지만 가끔은 뜻하지 않은 해프닝도 일어나서 희비가 엇갈린다. 그 대표적인 것이 홀인원이고 이글이고 알바트로스(Albatross)다. 뿐만 아니라 홀컵이 보이지도 않는 롱퍼트가 빨려 들어가는가 하면 불과 한 뼘밖에 안 되는 퍼팅을 놓치기도 한다. 그래서 흥미는 더해지고 아무리 배워도 끝이 없는 것이 골프의 기량이다.

그러나 확률의 골프를 목표로 삼는다면 황당무계한 돌발 사태(?)를 기대해서는 안 된다. 퍼팅 하나만을 놓고 보더라도 내리막 10m의 거리에서 단번에 넣으려고 흥분하는 것은 아마도 과욕이라기보다는 광기어린 망상일 게다. 퍼팅의 귀재라는 사람들도 확률 높은 퍼팅을 하기 위해 확고부동한 목표를 세워 놓고 기준으로 삼는다. 거리가 길면 꼭 넣는다고 생각하지 않고 어쩌면 들어갈지도 모른다는 심리적인 여유가 있어야 2퍼팅으로 마무리할 수가 있다. 그러다 보면 한번에 들어가는 일도 있을 것이다. 꼭 넣어야겠다고 확신을 가져도 좋은 것은 핀 한 자(2.44m) 안팎의 거리다. 이 정도의 거리라면 꼭 넣을 수 있다는 자신감과 정신 집중이 성패를 결정짓는다. 또 아주 짧은 거리의 퍼팅은 절대로 빠뜨리지 않는다는 느긋한 마음이 있어야 한다. 물론 필요에 따라 롱퍼팅도 반드시 승부를 걸어야 할 경우도 있을 것이다. 그러나 퍼팅의 명수가 되려면 이상의 3가지 심리적인 목표 설정을 해서 마음의 동요를 안정시켜야 한다.

퍼팅 때도 스윙과 폴로스루는 필수

초보자라도 스윙만 할 줄 알면 공은 그럭저럭 맞아 나간다. 그러나 스윙을 단지 공만 맞히면 된다는 최종 수단으로 생각하면 공은 제대로 맞아주지 않는다. 스윙은 공을 맞히기 위해 이뤄지는 동작이라기보다는 클럽 헤드를 제 길(Swing Path)을 따라 움직이게 하는 동작임을 알아야 한다. 그러면 공은 틀림없이 힘있게 똑바로 맞아 나간다.

퍼팅도 예외는 아니어서 공을 맞히고 나서 퍼터 헤드를 목표 쪽으로 내미는 폴로스루는 반드시 있어야 한다. 일반 타구의 거리 조절은 백스윙의 크기로 하는 것이 가장 정확하고 쉬운 방법이지만, 퍼팅의 거리감은 백스윙의 크기가 아니라 공을 맞힐 때의 감각(Feeling)이나 감촉(Touch) 같은 감성에 의해서 결정된다. 이 정도의 거리라면 얼마만큼 백스윙을 하면 된다는 식으로 퍼팅을 해서는 안 된다.

무엇보다도 그 거리에 맞는 감촉으로 공을 때리고 나서 퍼터 헤드를 던져 주면(Swing-Through) 그만이다. 즉 퍼팅 때에도 스윙은 있어야 하고 적당하리만큼의 폴로스루도 있어야 한다는 말이다. 아무리 짧은 퍼팅도 공만을 때리는 것이 아니라 스윙을 한다는 느낌이 있어야 한다. 일반 타구에서도 그렇지만 이것이 퍼팅의 가장 중요한 요소다. 퍼팅의 다운스윙도 일반 타구 때와 마찬가지로 역시 왼손으로 리드하는 감각이 필요하다. 실제는 오른손으로 때리게 되지만 퍼터 헤드를 리드하는 것은 왼손이다. 그렇지 않으면 두 손의 움직임이 일체가 되기 힘들기 때문이다.

자연장애물은 임의로 처리못한다

남을 방해하지도 방해받지도 않는 것이 골프의 특성이다. 다른 운동 경기에서처럼 공격과 수비가 있는 것이 아니고 오직 공격만 있을 뿐이다. 그러나 엄밀히 따지자면 골프에도 수비는 있다. 물리적인 힘의 저항이 있는 것은 아니지만, 자연 조건과 환경 그리고 장애물들이 쉽게 정복되지 않으려는 자체 방어의 기능을 갖고 있다. 이것이 코스 설계상의 묘미요 기술이다. 소위 해저드(장애물)가 수비 구실을 하게 된다.

그 중에서도 벙커는 모래판 위에 공이 놓여 있기 때문에 요령만 익히면 다른 장애물보다는 공 처리가 쉬운 편이다. 그러나 여름철 긴 장마나 집중 호우가 쏟아지면 벙커 안에 물이 고이는 경우가 많다. 물론 일시적으로 고인 물이므로 캐주얼 워터(Casual Water)로 구제 처리할 수는 있다. 그러면서도 규칙상의 처리 문제에 혼선을 빚을 때가 많다.

벙커에서의 기본적인 처리는 ① 모든 해저드가 그렇듯이 어드레스나 백스윙 때 클럽 헤드의 밑바닥 (Sole)이 모래에 닿으면 안 된다. ② 벙커에서 공이 완전히 빠져나올 때까지 모래를 고르면 안 된다 (벙커에서 친 공이 다시 벙커 속으로 들어가는 경우). ③ 루스 임페디먼트(Loose Impediments)——고정돼 있지 않은 자연의 장애물로서 나뭇잎이나 나뭇가지 같은 것을 절대로 집어올릴 수 없다는 것들이 주요 처리 내용이다. 물론 이것을 위반하면 2타의 벌점을 먹게 된다. 그렇지만 자연물이 아닌 인공적인 물질(담배, 성냥 등)은 치워도 무방하다.

가장 처리가 어려운 것은 벙커 속에 물이 고여 있을 때다. 캐주얼 워터의 구제 처리는 벌점 없이 벙커 안에서 물이 없는 지점(홀에 가깝지 않게)에 드롭할 수 있다. 그러나 벙커가 연못처럼 만수가 돼 있을 때에는 사정이 좀 다르다. 이런 경우에는 플레이어의 기술 부족으로 공을 벙커 속에 넣었기 때문에 1타의 벌점을 먹고 벙커 밖에서 (홀에 가깝지 않게) 드롭하는 것이 규칙에 따른 구제 방법이다.

연습방법
Practice Drill

준비 운동은 좋은 스코어의 출발역

사람의 근육은 마음 먹은 대로 언제나 움직여지는 것은 아니다. 소위 새벽탕(?)이라고 하는 새벽 골프 때 근육이 제대로 움직이지 않는 것은 어쩌면 당연한 일이다. 몸을 풀 겨를도 없이 허접지겁 골프장에 도착하면 바로 플레이가 시작된다. 그러니 좋은 타구가 나올 리 없다. 아마도 슬라이스 아니면 토핑의 연속일 것이다. 이때 필요한 것이 워밍업(Warming-up)이다. 준비 운동은 정신적인 안정뿐만 아니라 스윙에 필요한 근육을 재빨리 풀어서 자연스럽게 움직이게 하는 역할을 한다. 근육을 순간적으로 움직이는 운동에서는 (골프 스윙처럼) 준비 운동은 무엇보다도 필요한 기초 단계다.

준비 운동은 스윙에 필요한 근육들을 풀어줘서 스윙이 부드럽고 몸의 회전 운동을 원활하게 해줄 뿐만 아니라, 별안간 몸을 움직일 때 일어나기 쉬운 근육이나 골격의 손상 같은 사고방지에도 도움이 된다. 더욱이 몸이 지나치게 피곤하면 뚝뚝 소리가 날 정도로 목덜미에 긴장이 쌓일 때가 있다. 골프 스윙처럼 몸을 돌리면서 머리는 움직이지 않아야 하는 운동에서는 이 같은 일이 자주 일어나게 된다. 이것은 급격한 운동으로 인해 근육과 모세 혈관이 손상을 입기 때문이다.

이럴 때 필요한 것은 목을 돌려주는 준비 운동이다. 이 밖에도 여러 가지 준비 운동이 필요하지만 그 방법과 요령을 스스로 찾아내는 일도 게을리 해서는 안 된다. 준비 운동은 나이스샷과 좋은 스코어로 연결될 뿐만 아니라 신체의 사고 방지에도 도움이 된다는 것을 알아야 한다.

머리 싸움에서 승패는 갈라진다

골프 게임을 머리의 싸움이라고 하기도 하지만 별로 실감이 나지 않을 것이다. 그것은 공을 맞히는 것만으로도 벅찬데 언제 머리 싸움까지 벌일 여유가 없기 때문이다. 실력이 엇비슷한 스크래치 플레이어나 프로 골퍼끼리의 승부에서는 코스를 공략하는 방법에 따라 승패가 판가름나기 때문에 머리 싸움일 수도 있다. 인간만이 갖고 있는 '생각하는 능력'은 스윙에서 코스 공략에 이르기까지 골프의 모든 것을 좌우하고 지배하게 된다. 말하자면 골프 게임의 밑바닥 깊숙이 흐르고 있는 것은 '생각하는 능력' 뿐이다.

그렇기 때문에 남달리 힘이 센 사람이 반드시 공을 멀리 보낼 수 있는 것도 아니고, 머리가 좋은 사람(지능지수가 높은 사람)이 반드시 퍼팅의 명수가 된다고 말할 수도 없다. 그러면서도 스윙을 배우는 데에도, 코스 공략을 하는 데에도 항상 그 바탕에는 '생각하는 능력'의 경쟁이 있게 마련이다. 그렇다고 생각(상상력)만 풍부하면 누구나 쉽게 완전무결한 스윙을 배울 수 있다든가 생각한 대로 홀인원이 된다는 것은 물론 아니다.

여기서 말하는 '상상력'(Imagination)이라는 말은 '망상'이나 '공상'이 아닌 주제 파악을 한 실현 가능한 '상상력'을 말한다. 자신의 기술적 역량이나 직면한 현실을 무시한 상상력은 망상이고 공상일 뿐이다. 이룰 수 없는 생각이 바로 욕심이다. 항상 자기 분수에 맞는 타구, 자기 체구에 맞는 스윙을 익힌다면 자기의 기량에 맞춰 코스를 공략하는 것은 그렇게 어려운 일은 아닐 것이다.

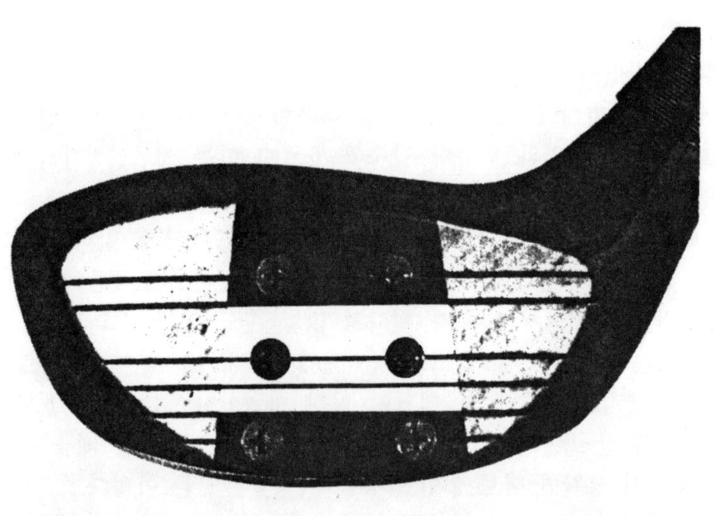

클럽 선택은 자기 특성에 맞게

몇백억원이 든다는 골프장은 돈으로 살 수 있어도 스코어(실력)만은 돈 아니라 금을 줘도 살 수 없다. 그렇지만 골프에서 돈으로 살 수 있는 것에 골프채가 있다. 이것은 부자는 아무리 비싼 것도 얼마든지 살 수 있다는 말이 아니라, 골퍼는 자기 몸에 맞는 것을 골라서 살 줄 아는 지혜와 능력도 있어야 한다는 것을 강조한 말이다. 골프채를 크게 나누면 우드와 아이언으로 구분된다. 우드의 대표적인 재질은 천연의 감나무지만 지금은 합판에서 카본으로, 다시 메탈(금속) 헤드의 출현으로 명칭과 실제의 소재 사이에는 큰 차이가 있다. 소재는 자원 고갈 때문에 대용품으로 개발되는 수도 있고 성능 개발을 위해 신소재로 대체되기도 한다. 그렇지만 여기에도 장단점은 있게 마련이다. 일반적으로 거리가 더 나간다고 알려진 메탈 우드는 실험 결과 방향성은 뛰어나도 거리가 떨어지는 것이 결점이라고 지적됐다. 또 카본(탄소) 우드도 샤프트의 밸런스가 몸에 꼭 맞지 않으면 좀처럼 균일한 구질의 공을 칠 수 없는 단점이 있다고 한다. 또 아무리 좋은 재질도 반발력이 강한 공에 견딜 수 없다면 그것 또한 결점으로 돌릴 수밖에 없다. 그렇다고 천연의 소재인 감나무는 완전무결한가 하면 여기에도 결점은 있다. 잘 건조된 감나무도 습기에 약하고 수명이 짧은 것이 결점으로 지적된다. 이 점에서는 카본이나 메탈 우드는 걱정하지 않아도 된다. 감나무의 또 다른 결점은 같은 세트의 골프채라 해도 스윙 밸런스가 일정하지 않은 것이 흠이다. 이 점에서도 카본이나 메탈 우드는 만점을 받을 만하다. 실로 골프란 미묘한 것이어서 메탈 우드는 타구시의 파열음이 신경을 건드린다. 골프채는 아마추어 골퍼에게는 절대로 소모품은 아니다. 한번 사면 거의 평생 동안 쓸 수 있다.

클럽이 바뀌어도 스윙의 원리는 같다

숏아이언은 자신 있는데 롱아이언만은 잘 안 된다고 탄식하는 아마추어 골퍼가 많다. 이를테면 7번 아이언은 잘 맞는데 3번 아이언은 맞지 않는다는 투정이다.

이런 경우 3번 아이언을 7번 아이언의 길이만큼 짧게 잡으면 된다고 했지만, 그것도 마음이 놓이지 않으면 아예 클럽 헤드에 새겨진 번호를 3 대신 7이라고 대신 써 붙이면 어떨지……. 오죽 답답하면 이런 생각까지 할까만은, 롱아이언은 보기만 해도 클럽 헤드가 작고 로프트도 적어 도저히 공이 맞아 나갈 것 같지 않은 불안과 걱정이 앞선다. 그렇기 때문에 짧은 클럽보다는 불필요한 힘을 넣게 되고 서둘러 치게 된다. 이것이 잘못의 시작이다. 유명한 프로 골퍼들은 14개의 클럽마다 상황에 맞는 타법이 있다. 그러나 아마추어 골퍼는 클럽이 바뀌어도 스윙은 언제나 같은 것이 좋다. 그래야 골프가 쉬워진다. 한 가지 스윙도 어려운데 클럽마다 다른 스윙을 할 수 있겠는가.

같은 템포, 같은 리듬, 같은 타이밍으로 공을 치지 않으면 오히려 스윙 감각을 잊어버리고 만다. 그래서 3번 아이언도 7번 아이언 때처럼 스윙의 시간이 꼭 같아야 한다. 물론 샤프트의 길이가 다른 만큼 스탠스의 자세는 약간씩 다르다. 드라이버샷 때 목표선과 평행으로 왼발 뒤꿈치 앞에 놓았던 공은 샤프트가 짧아지면서 스탠스 폭이 좁아지고 오픈 스탠스로 바뀌는 정도의 차이가 있을 뿐이다. 탄도와 거리는 클럽이 대신 해준다는 골프의 원리를 알아야 특수한 타법의 기술도 이해할 수 있을 것이다.

왼팔은 타구 방향, 오른쪽은 거리 결정

프로 골퍼는 많은 연습공을 때려서 스윙을 배우지만, 일반 아마추어 골퍼는 그럴 시간도 체력도 없기 때문에 연습을 통한 경험보다는 오히려 이론을 통해서 스윙을 이해하고 기술을 배우는 것이 훨씬 효과적이고 빠른 길이다.

골프를 흔히 왼손으로 하는 게임이라고 한다. 스윙의 주체가 왼손에 있어야 한다는 것을 강조한 셈이다. 그러나 장타력을 과시하는 프로 골퍼의 스윙을 보면 왼팔만으로 때리는 것처럼 보이지는 않는다. 스윙은 팔을 자유롭게 쓸 수 있어야 안정된 타구가 가능하고 되도록 손이나 손목은 쓰지 않는 것이 좋다. 팔에 의지하는 스윙으로 어느 정도 거리가 나면 변칙적인 스윙을 피해야 한다. 극단적으로 말하면 백스윙 다운스윙뿐만 아니라 공을 때리는 것도 왼팔이 주축이 되면 미스샷이 없는 스윙이 된다.

팔을 휘둘러야 클럽이 휘둘러지는 것……. 이것이 스윙의 시작이다. 스윙은 왼쪽 어깨로 하라는 말이 있다. 그러나 실제로 클럽을 잡고 있는 것은 팔이기 때문에 어깨로 클럽을 휘두를 수는 없다. 팔을 휘둘러야 클럽도 휘둘러진다. 이처럼 스윙의 원동력이 되는 팔을 휘둘러 주지 못하면 몸도 제대로 움직이지 않는다. '뜻이 있는 곳에 길이 있다'고 인간은 의식 여하에 따라 몸도 따라 움직이는 속성이 있다.

어깨를 돌린다거나 팔을 휘두른다거나 어느 쪽을 택하든간에 자기의 생각이 스윙을 바로 할 수 있는 방법을 따르기만 하면 되는 것이다. 그러면서도 왼팔은 '방향', 오른팔은 '거리'라는 원천적인 기능을 잊어서는 안 된다.

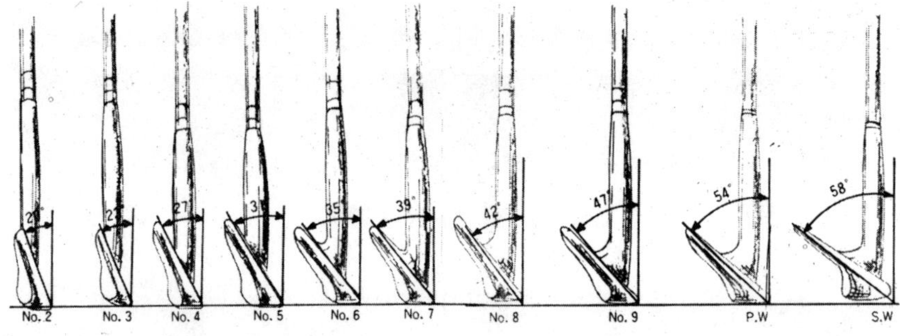
20°
23°
27°
31°
35°
39°
42°
47°
54°
58°
No. 2
No. 3
No. 4
No. 5
No. 6
No. 7
No. 8
No. 9
P.W
S.W

로프트가 클수록 거리는 준다

골프 클럽에는 로프트(Loft)란 게 있다. 클럽 헤드의 밑바닥 (Sole)이 지면과 밀착됐을 때 수직선에 대한 클럽 페이스의 각도를 말한다. 이 로프트 때문에 공은 직선 타구(Line Drive)가 되기도 하고 공중볼(Skying Ball)이 되기도 한다. 보통 우드 1번(드라이버)은 11도, 3번(Spoon)은 17도, 4번(Baffy)은 20도의 로프트가 있어 번호 하나마다 3도씩 달라진다.

아이언 클럽도 1번부터 9번까지 15도부터 시작해서 번호 하나마다 4도씩 많아지고, 9번 아이언의 47도의 로프트가 있다. 피칭웨지는 이보다 7도나 많은 54도고, 샌드웨지는 그보다도 4도가 많은 58도나 된다. 이 로프트에 의해서 공이 날아가는 탄도가 달라지게 된다.

그래서 거리를 가장 멀리 낼 때 사용하는 드라이버는 퍼터를 제외하고 클럽 중에서는 로프트가 제일 작은 클럽이다. 로프트가 크면 클수록 그만큼 공은 높이 솟아올라서 거리는 줄어들게 된다. 이렇게 로프트에 따른 클럽의 기능을 살려서 낮은 탄도로 멀리 날아가게 만들어진 것이 드라이버다. 그러나 일반 골퍼 중에는 로프트의 기능을 무시하는, 아니 모르는 사람이 얼마나 많은지 모른다. 그래서 그런지 무리하게 공을 띄우려는 불필요한 노력을 계속하는 경향이 많다.

어떤 클럽을 잡든지간에 평소와 다름없는 평범한 스윙만 하자. 그러면 공은 선택한 클럽이 로프트에 맞게 떠 줄 것이다. 이렇게 철저한 분업(?)을 통해 자신감을 얻었을 때 비로소 클럽에 대한 신뢰감도 얻게 될 것이다.

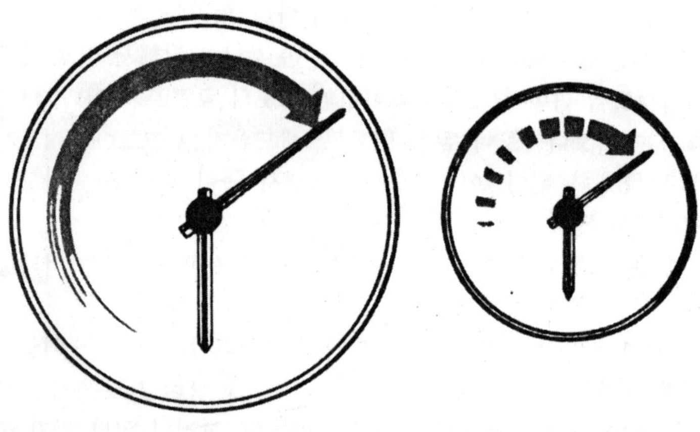

클럽 길이 따라 '헤드' 속도는 결정된다

골프채 14개의 길이가 각각 다른 것은 로프트와 마찬가지로 타구 거리와 깊은 관계가 있다. 흔히 스윙 속도는 어느 채를 쓰나 같아야 한다고 하지만, 긴 클럽과 짧은 클럽은 클럽 헤드가 움직이는 속도에 따라 전혀 다르다. 드라이버와 9번 아이언을 같은 속도로 휘둘러 보면 드라이버의 헤드 스피드가 9번 아이언의 그것보다 훨씬 빠른 것을 알 수 있다. 클럽 헤드의 속도가 빠르면 당연히 공은 멀리 날아간다.

크고 작은 시계 두 개를 놓고 비교해 보자. 어느 쪽도 분침(긴 바늘)은 한 시간에 한 바퀴 돌아간다. 그러나 큰 시계의 분침 끝(클럽 헤드에 해당되는 부분)은 작은 시계의 바늘 끝보다 먼 거리를 돌기 때문에 빨리 돌아가지 않으면 안 된다. 만일 바늘 끝의 속도가 어느 쪽이나 똑같다면 큰 시계의 분침은 한 바퀴 도는 데 걸리는 실제의 시간은 한 시간 이상 걸리게 된다. 그래서 타구 거리는 샤프트 길이가 긴 쪽의 헤드 스피드가 빠르기 때문에 장타가 되는 것이다. 물론 그립을 잡은 두 손의 속도는 같다는 전제에서다.

그렇기 때문에 어느 클럽으로도 스윙 템포가 같다는 것은 이를 두고 하는 말이다. 어쨌든 스윙 템포가 일정하면 드라이버건 피칭웨지건간에 똑같이 공을 맞힐 수 있고, 클럽의 길이와 로프트에 따라 타구 거리와 탄도의 높이가 달라질 뿐이다.

이처럼 클럽의 기능과 특성을 무시하거나 역행하는 스윙은 반드시 미스샷이 되고 만다는 것을 최대의 교훈으로 삼아야 할 것이다. 그렇게 해서 좋고 싫은 클럽이 없어야 골프채 14개를 지니고 다니는 진정한 의미가 있는 것이다.

클럽 선택은 남을 의식치 마라

어떤 운동이건 수비형보다는 공격형이 보기에도 시원스럽고 매력도 있다. 골프라고 예외일 순 없다. 공격은 있어도 수비가 없는 것이 골프의 특성이지만, 코스 공략 방법에 수비형이 있을 수 있다. 모든 장애물을 요리조리 피해 가며 소극적인 플레이를 하기보다는 좀더 과감한 적극적인 플레이를 권장한다. 그렇다고 불필요한 허세나 만용까지 부려도 좋다는 것은 절대로 아니다.

어떤 경우에도 자신의 능력대로 플레이해야 한다는 것을 알면서도 좀처럼 그렇게 되지 않는 것은 무엇 때문일까. 아무리 마음을 비우고 겸손을 부려도 정도의 차이만 있을 뿐 누구에게나 허영심 같은 것이 있게 마련이다. 조금이라도 자신을 돋보이고 싶어하는 심정이야 이해할 수도 있지만 도가 지나치면 분수를 지키지 못해 플레이는 흐트러지고 만다. 그 대표적인 것이 타구 거리와 사용 클럽을 남과 비교하는 일이다. 아니 자기 능력과는 관계 없이 남이 하는 대로 따라가는 어리석은 행위다. 이것이 만용이요 허세다.

우드 클럽을 잡아야 할 곳에서 남이 아이언을 잡는다고 무리하게 아이언을 잡으면 당연히 거리는 짧아질 수밖에 없다. 골프란 클럽별 타구 거리를 겨루는 게임도 아니고 남이 사용하는 클럽을 반드시 사용해야 하는 의무도 없는 것이다.

누구에게나 클럽별로 자기 거리가 있는 법이다. 남을 의식하지 않고 자신의 능력에 맞는 클럽을 잡을 수 있을 때 비로소 개성 있는 플레이가 가능한 것이다. 골프는 결과가 중요한 것이지 결코 과정이나 겉보기만을 따지는 게임은 아니다. 분에 넘치는 허세는 골프 기량 향상을 저해할 뿐이다.

이론과 기술 겸비한 골퍼가 되라

그립(Grip), 스탠스(Stance), 스윙(Swing)은 일반적으로 말하는 골프의 3대 기본 요소다. 골프를 배우는 초기 단계에서 이 3요소를 확실하게 이해하면 골프가 쉬워지고 기술도 빨리 늘지만, 그렇지 못하면 평생 동안 어려움이 되풀이되는 골프 인생을 살아가게 된다. 이론이 뒷받침이 된 실습을 통해서 골프를 배운다면 골프의 양면(이론과 기술)을 고루 갖춘 이상형의 골퍼가 될 것이다. 그러나 아무리 이론이 뛰어나고 지도 방법이 훌륭해도 이를 받아들이는 쪽(초보자)에도 한정은 있게 마련이다. 대개의 초보자가 그렇듯 한두 번 교정을 받고 지도를 받으면 그것으로 완전해진 것처럼 착각하게 된다.

흔히 스윙은 감각적이어야 한다고 강조한다. '감각'은 언제까지나 지속되는 것은 아니다. 더욱이 초보자가 '감'을 잡는다는 것은 여간 어렵지 않다. 어느 정도 감이 잡혔다가도 어느 새 빠져 나가는 것이 예사로운 일인데, 일단 빠져 나간 '감각'은 아무리 노력해도 조금씩 변형되어 종국에는 원리나 기본에서 동떨어진 자기만의 독특한 스타일로 변해 버리고 만다.

그렇기 때문에 스윙 감각을 잃었을 때 이론적인 도움 없이는 빠져 나간 '감'을 되찾기가 어려운 것이다. 이때 필요한 것이 정확한 감각을 느꼈을 때를 기억해낼 만큼의 '지식'이다. 이 지식이야말로 스윙 감각을 지속시키거나 잃어버린 감각을 되찾을 수 있는 힘(원천)이고 골퍼의 기량을 측정하는 바로미터다. 골프는 개성을 살려야 한다지만, 항상 '기본에서 출발해서 기본으로 돌아가는' 개성이어야 한다는 사실을 잊어서는 안 된다.

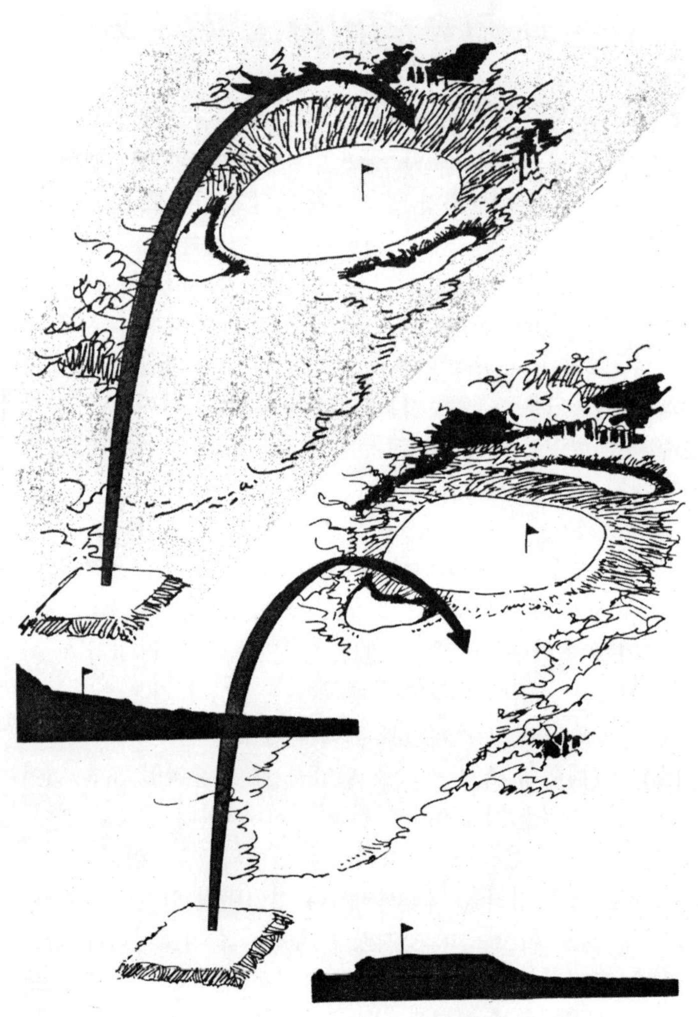

장타자가 반드시 유리하진 않다

골프 코스에는 홀마다 거리를 기준으로 정해 놓은 기준 타수 (Par)가 있고, 코스의 난이도에 따른 코스 레이트(Course Rate)가 있다. 흔히 거리가 짧으면 비교적 쉽다고 속단하게 되지만 이것은 잘못된 생각이다. 거리가 짧은 홀은 그 대신 페어웨이가 좁거나 길목마다 장애물이 있는 등 일반적으로 어렵게 만들어진다. 반대로 긴 홀은 그만큼 페어웨이 폭도 넓고 그린의 주변 상황이 복잡하지 않다. 그렇기 때문에 긴 홀이라고 해서 반드시 어려운 홀이라고 말할 수는 없다.

타구 거리가 길수록 유리한 것이 골프라지만, 필요할 때 필요한 만큼 길어야지 덮어 놓고 길기만 하다고 좋은 것은 물론 아니다. 티샷마다 길어야 한다면 그것은 드라이빙 콘테스트(Driving Contest)다. 아무리 장타자라도 목표 지점까지 보낼 수 있을 때 비로소 훌륭한 골퍼가 되는 것이다. 타의 추종을 불허하는 장타자라도 공의 낙하 지점의 상태(Lie)가 다음 타구에 영향을 미칠 만큼 나쁘면, 그것은 나이스샷이 아니라 미스샷인 셈이다.

팅그라운드에서 그린이 한눈에 들어오는 코스라면 별문제가 없지만, 산악 코스나 도그레(Dog-Leg) 홀처럼 그린이 보이지 않는 홀(Blind Hole)에서는 티샷의 낙하점을 찾는 데 어려움이 많다. 골프 코스는 여러 가지 형태의 다른 홀로 구성돼 있기 때문에 타구 전에 면밀히 살피고 확인해서 가장 자기 분수(핸디캡)에 맞는 공격 루트를 찾아내는 여유와 지혜가 있어야 할 것이다.

상황에 너무 민감하면 평소 리듬 잃어

마음을 바로 먹어야 공도 바로 간다. 이것은 한 홀에서 열(10)을 넘게 쳐도 좋다는 말도 아니고, 타구 거리가 40~50m가 돼도 그만이라는 말도 아니다. 다만 지나친 욕심은 금물이라는 교훈이다. 실내 연습장처럼 장애물도 없고 편편한 곳이라면 어느 정도의 숙련만 쌓으면 마음쯤 비울 수도 있다. 그러나 골프 코스에는 철 따라 불어오는 계절풍이 있는가 하면, 여름에는 장마, 태풍도 있다. 이런 것들이 골프를 어렵게 만드는 원인이지만, 특수 지역의 고유한 환경은 오히려 골프를 재미있게 해준다.

그 대표적인 것이 미국 서해안의 페블비치요 스코틀랜드의 골프 코스다. 아니, 멀리 갈 것도 없이 우리나라 제주도의 골프 코스도 그런 묘미는 있다. 그렇기 때문에 이런 코스에서는 바람이 불지 않는 날은 골프의 묘미를 잃어버리게 되고, 오히려 강한 바람이 불어치는 날씨가 골프에 적합한 자연 조건이 된다. 바람 속에서는 얼마만큼 거리와 방향이 틀어질 것인가를 알아내기 어렵다. 어쨌든 바람은 타구 방향을 바꿔 놓을 뿐만 아니라 스윙의 리듬이나 타이밍까지도 흐트러지게 하는 요인이 된다. 맞바람은 낮은 공, 뒷바람은 높은 공…… 그 정도라면 누구나 알고 있는 초보적인 상식에 불과하다. 그러나 그런 생각을 하는 순간 이미 타이밍이나 리듬은 흐트러지고 만다.

골프 스윙은 얼마만큼 일정하게 리듬을 유지하는가가 생명인데, 그것이 홀마다 아니 타구마다 달라진다면 그 스코어는 보나마나다. 물론 맞바람 때 탄도가 낮은 공을 쳐야 유리하다는 것쯤 모르는 바 아니나, 만일 자신의 구질이 높은 공이라면 구태여 낮은 공을 칠 필요는 없다는 말이다. 어떤 상황에서도 평소의 리듬을 지킬 수 있어야 자연과의 싸움, 자신과의 싸움에 이길 수 있는 골퍼가 될 수 있다.

무모한 연습은 근육만 경직시킨다

　모든 운동에 몸을 푸는 단계가 있다. 소위 워밍업이다. 굳어 있는 근육을 풀고 긴장감을 해소해서 본연의 실력을 충분히 발휘할 수 있게 하는 준비 운동이다. 손발에 땀이 나야 제 실력을 낼 수 있기 때문이다. 골프도 예외는 아니어서 타구마다 몸을 풀고 스윙 감각을 찾기 위해 '연습 스윙'을 하게 된다. 아무리 연습 스윙이라도 지켜야 할 예의가 있고 알아둬야 할 요령이 있다. 정성껏 가꿔진 잔디가 공을 칠 때마다 떨어져 나가지만, 이것은 골프라는 속성이 그런 것이어서 도리가 없다. 그러나 연습 스윙을 할 때도 잔디가 패어 나간다면 골퍼의 자질에 문제가 있다.
　또 한 가지 초보자에게 흔히 있는 일이지만, 있는 힘을 다해 연습 스윙을 하는 일이다. 타석에 들어가서 2~3차례씩이나 당연한 것처럼 연습 스윙을 하고 있으니 힘의 낭비도 낭비려니와 위험하기 이를 데 없다. 이것은 실제로 공을 치는 것과는 상관 없는 무모한 방법이다. 골프 규칙 1장 첫머리에 안정도 확인이란 조항이 있다. 아무 의미도 없는 부질없는 연습 스윙은 위험한 요소까지 내포하고 있는 것이다. 또 플레이어 자신에게도 결과적으로 나쁜 영향을 준다. 무모한 연습 스윙은 팔, 어깨, 그립 같은 중요한 근육을 경직시키는 결과만 낳는다. 이것을 두세번 되풀이하고 나면 정작 타구 때에는 근육이 풀리고 탈진한 상태가 되어 제대로 스윙을 할 수 없게 된다. 보통 사람의 근육이 한 번 폭발하면 원상태로 회복할 때까지는 1분 이상의 시간이 소요된다고 한다. 이런 것가지 고려한다면 무턱대고 휘둘러 보는 연습 방법은 지양해야 한다. 힘을 자랑하는 역사라도 필요 없는 곳에 힘을 낭비하는 일이 없도록 경제적인 타구를 몸에 익히는 데 힘써야 할 것이다.

이 책을 펴내면서

골프의 기술이 하루 아침에 이루어지는 것은 아니다. 그렇다고 아무리 노력해도 효과가 없을 정도로 어려운 것도 아니다.

하나의 타구를 위한 골프 이론은 수없이 많다. 그것은 마치 산에 오르는 길이 여러 갈래이듯, 모든 길이 로마로 통하듯, 어떤 타법으로든지 공은 반드시 홀컵 속으로 들어가게 마련이다. 다만 어느 길이 내가 오르기에 편리한 길이고 어떻게 하면 타수를 줄일 수 있느냐 하는 것이 문제일 뿐이다.

골프 기량은 아주 작은 요령 하나라도 내 것으로 만들면 몰라 보게 달라진다. 때로는 연습하는 과정에서 스스로 눈을 뜨게 되는 경우도 있을 것이고, 때로는 유명 프로 골퍼의 이론이나 지도로 효과적인 타법을 배울 수도 있을 것이다. 그러나 그 이론을 이해하고 그 지도를 '내 것'으로 받아들이기에는 우리의 힘이 이에 미치지 못한다.

'콜롬브스의 달걀'같은 이론과 요령을 통해 초보자에게는 100의 벽을 깨는 기본을, 중견 골퍼에게는 90의 험난한 길을 헤쳐나갈 용기와 슬기를, 80의 준령을 넘어 70의 정상에 도전하는 골퍼에게는 이에 상응하는 기술과 방법을 널리 알리고자 노력하고 있다.

나에게 골프 인생의 바른 길을 열어준 오늘이 있기까지에는 우리나라 골프계에서 입은 은혜가 말할 수 없이 크다. 그래서 '골프에서 얻은 것을 골프로 돌려 주어야 한다'는 책임감을 느껴 빚을 갚는 심정으로 연재를 계속하고 있으며, 이 뜻을 펴기에 온갖 힘을 쏟고 있다.

더욱이 이 연재를 계획하고 모자라는 지식을 보태 주는 〈스포츠 서울〉편집국 여러분의 각별한 배려와 1986년부터 오늘까지 5년 동안 이어오는 「골프특강」에 대한 150만 〈스포츠 서울〉독자 여러분의 한결 같은 격려와 성원에 감사를 드린다.

여기에 수록한 몇 줄의 글이 여러분이 걸어가는 골프 인생의 길을 밝게 비춰 주는 이정표가 된다면 더없는 기쁨이고 영광이겠다.

우리 모두 홀인원의 꿈을 안고 즐겁고 건강한 골프 인생을 살아가기를 바라면서……

1990년 10월

우 승 섭

우승섭골프특강 4 / 이론과 기술　　　　값 15,000원

1991년 10월 25일　중쇄인쇄
1991년 10월 30일　중쇄인쇄

저 자　우　　승　　섭
발행자　박　　명　　호

발행소　**명　　지　　사**

서울특별시　동대문구　장안동　369 - 1
등　　록 : 1978. 6. 8.　제 5 - 28호
전　　화 : 243　6686 · 249 - 1253
사 서 함 : 서울청량우체국사서함제154호
대체구좌 : 010983 - 31 - 1742329
지로번호 : 3 0 1 2 2 9 9